닭답게 살 권리 소송 사건

초판 1쇄 펴냄 2015년 2월 16일
　　19쇄 펴냄 2025년 7월 14일

글 예영
그림 수봉이
감수 김홍석

펴낸이 고영은 박미숙
펴낸곳 뜨인돌출판(주) | 출판등록 1994.10.11.(제406-251002011000185호)
주소 10881 경기도 파주시 회동길 337-9
홈페이지 www.ddstone.com | 블로그 blog.naver.com/ddstone1994
페이스북 www.facebook.com/ddstone1994 | 인스타그램 @ddstone_books
대표전화 02-337-5252 | 팩스 031-947-5868

사진제공 서울특별시 수의사회, 박진아 님, HELLO PHOTO

ⓒ 2015 예영

ISBN 978-89-5807-555-4 73810

어린이제품안전특별법에 의한 제품표시
제조자명 뜨인돌출판(주) **제조국명** 대한민국 **사용연령** 8세 이상

닭답게 살 권리 소송 사건

예영 글 | 수봉이 그림 | 김홍석 감수

뜨인돌어린이

⭐
작가의 말

벌써 재작년 일이네요. '동물의 권리'에 관한 글을 써 보라는 제안을 받고 한참을 망설였어요. 그건 제가……, 키우는 강아지나 예뻐할 줄 알았지 동물의 권리에 대해 생각해 본 적이 없었기 때문이에요. 그래서 내가 과연 '동물의 권리'에 관해 글을 쓸 자격이 있나 고민만 하며 작업을 차일피일 미뤘지요.

그러던 중 오랫동안 병을 앓던 반려견이 무지개 다리를 건너고 말았어요. 13년 동안 열 번이나 큰 수술을 받고 밥보다 약을 더 많이 먹던 녀석이기에 언제고 떠날 수 있다고 생각해 왔지만, 막상 마지막 숨이 끊어지자 차마 보낼 수가 없었어요. 그건 이제 더는 녀석을 볼 수 없다는 슬픔 때문만은 아니었어요. 함께 오래오래 살고 싶은 저의 욕심에 힘든 치료를 받게 한 건 아닌지, 그 과정에서 말도 못 하는 녀석이 얼마나 힘들었을지를 생각하니 뒤늦은 후회가 밀려왔기 때문이에요. 좀 더 녀석의 입장에서 생각하며 키우지 못한 것이 어찌나 미안하던지요.

그 일을 겪고 나자 그제야 미뤄 놨던 원고가 눈에 들어왔어요. 무심하게 넘겼던 동물들에 관한 기사도 예사롭게 보이지 않았고요. 관련 자료를 보면 볼수록 동물의 권리에 관해 '쓸 자격'은 없어도 '알아야 할 의무'는 있다는 생각이 들었지요.

그때부터 경마장, 동물원 등을 찾아다니며 현장을 보고 관계자분들의 목소리에 귀를 기울였어요. 모두들 진즉부터 동물의 권리에 관한 문제에 관심을 가졌어야 했다면서 제게 진심이 담긴 글을 써 줄 것을 부탁하고 응원했습니다.

그렇게 해서 이 책이 세상에 나오게 되었어요. 이 책에는 동물원의 좁디좁은 우리 안에서 끊임없이 반복행동을 하는 북극곰, 공장식 사육장에서 평생 알만 낳다가 결국 소시지 재료가 되고 마는 산란닭, 경마장의 환호성 아래 목숨을 건 레이스를 펼치는 경주마, 주인에게 버림받고 거리를 떠돌면서도 바보같이 주인을 기다리는 유기견, 화장품의 안전성을 검사하기 위해 눈물도 흐르지 않는 눈에 화학성분을 넣고 고통으로 몸부림치는 실험실의 토끼, 따뜻한 코트 한 벌을 위해 숨이 끊어지지도 않은 채 털가죽이 벗겨지는 밍크를 주인공으로 한 동화 여섯 편이 담겨 있습니다.

저는 동화를 쓰는 내내 동물이 동물답게 살 권리는 어떤 것인지, 그 권리를 지켜 줄 수 있는 건 누구일지 생각해 봤어요. 그리고 그 과정에서 단지 '알아야 할 의무'에서 멈추지 말고 '실천해야 할 책임'을 가져야겠다고 다짐했지요. 그 첫 번째 실천이 바로 여러분에게 동물의 권리에 관한 이야기를 전하는 것이 아닌가 해요. 부디 여러분에게도 그 마음이 전해져서 동물의 권리에 관해 생각해 보는 계기를 가지게 되었으면 하는 바람입니다.

　참, 이 책을 쓰면서 많은 분들이 도움을 주셨어요. 감수를 맡아 주신 리베동물의료센터의 김홍석 님을 비롯하여 이종환 님, 한국마사회의 박경원 님, 어린이대공원의 김정희 님, 대전충남 양계농협동물병원의 신동길 님, 광주 사랑가득동물병원의 김영선 님. 덕분에 많이 배우고 느낀 귀한 시간이었습니다. 진심으로 감사드립니다.

　끝으로 지난 13년간 가족들에게 더할 수 없는 사랑과 행복을 안겨 주고 떠난 강아지 이키에게도 안부를 전하고 싶습니다.

　"이키야, 내 목소리 들리지? 너무너무 고마웠다."

- 예영

추천의 글

어릴 적의 나는 동물을 좋아하는 아이였습니다. 길에서 만나는 강아지들과 인사하고, 동물원에서 동물을 보면 시간 가는 줄 모르고, 동물이 나오는 책은 모조리 찾아서 볼 정도로 말이죠.

'동물도 사람하고 똑같이 생각할까?' 하는 질문에 주변 어른들은 동물은 사람보다 못한 존재라고 얘기했습니다. 학교에서도 동물의 지능이 사람보다 낮아서 생각하는 능력이 떨어진다고 배웠고요.

하지만 수의사가 되어 현장에서 느낀 것은 동물들도 사람만큼 다양하고 풍부한 감정을 가지고 깊은 사고를 한다는 점이었습니다. 또한 상대방을 배려하는 마음과 의리 있는 모습, 기꺼이 희생을 감수하는 모습도 볼 수 있었습니다.

유기견으로 세상을 떠난 쿵쿵이와 동물원에 갇힌 북극곰 기적이, 알 낳기만을 강요당하는 산란닭, 실험실에서 고통받는 실험 동물이나 모피 의류를 만들기 위해 희생되는 동물들……. 이 책에는 동물답게 살 권리를 빼앗긴 동물들이 주인공으로 나와 목소리를 냅니다. 마땅히 지켜져야 할 동물의 권리, 나의 어린 시절에는 한 번도 생각하지 못했던 부분이에요. 그 누구도 가르쳐 주거나 알려 주지도 않았지요.

이 책의 작가는 보고 싶지 않은, 한 번도 생각해 보지 못한 동물들의 비참한 삶을 거부감 없이 이해하기 쉽게 소개합니다. 동물들도 인간과 똑같이 '고통을 느끼는 존재'이고 사람처럼 생각하고 감정이 있다는 것을 자연스럽게 뭉클한 이야기로 들려줍니다.

사람과 동물이 똑같지는 않습니다. 하지만 '다르다'는 차이가 '나보다 못하다'는 차별을 정당화할 수는 없습니다. 또한 모든 생명은 불필요한 고통을 받지 않을 권리가 있는 것입니다. 우리의 필요나 이기심으로 인해 동물들이 고통받는 것이 옳지 않다는 인식은 동물과의 공존에서 중요한 시작입니다. 동물이 사람을 위해 존재하는 것이 아니니까요.

동물과 사람은 똑같이 생명을 가진 존재로서 동등합니다. 나보다 못나고 약한 존재가 아니라 똑같이 이 땅에서 숨 쉬고 살아가는 생명이지요. 지금부터라도 서로가 더불어 살아가는 것이 우리가 생존하는 데에 중요한 부분임을 알아야 합니다. 우리는 그들의 도움 없이는 존재할 수 없으니까요.

좀 더 다양한 분야의 동물들에 대해 문제를 인식하고 고민하는 친구들이 늘어나서 동물들을 존중하는 마음이 풍요로워진다면 우리가 사는 세상은 조금 더 행복할 것입니다.

— **박정윤** TV동물농장 자문 수의사

· 차례 ·

강아지 탐정이 전하는 킁킁이의 안부 — 12
거리를 헤매는 또 하나의 가족 '유기견' 36

북극곰 기적이의 출생의 비밀 — 38
갇혀 있는 삶은 불행하다 '동물원 동물' 60

토끼 1369번의 마지막 하루 — 62
인간의 아름다움을 위해 죽다 '화장품 실험동물' 82

닭답게 날 권리 청구소송 사건 — 84
감옥 속에서 알을 낳다 '산란닭' 108

경주마 전력질주의 첫째 주 일요일 — 110
누구를 위해 달리나 '경주마' 128

밍크 농장에서 보내 온 편지 — 130
아름다운 패션 뒤에 감춰진 잔인한 죽음 '모피 동물' 148

강아지 탐정이 전하는
킁킁이의 안부

MAIL

✉ 제목 : 강아지 탐정소 탐정님께

    안녕하세요, 저는 미국에 사는 허영탁이라고 합니다. '잃어버렸거나 헤어진 강아지를 찾아 준다는 강아지 탐정소' 신문 광고를 보고 연락드려요. 2년 전, 이민을 가게 되면서 키우던 강아지를 다른 집으로 입양 보냈는데, 지금 어떻게 지내는지 안부를 알고 싶어서요.

    근데 정말 오래전에 헤어진 강아지를 찾을 수 있나요? 실은 강아지 탐정이 있다는 말을 처음 들어서요. 그리고 강아지 탐정소에서 일하는 탐정님들은 강아지인가요, 사람인가요?

    참, 요금은 얼마나 되나요? 제가 아직 학생이라 너무 비싸면······.

✉ 제목 : 강아지 탐정소의 견 탐정입니다.

    반갑습니다. 강아지 탐정소 광고를 읽으신 걸 보니 동물을 진심으로 사랑하는 분이군요. 그 광고는 동물과 교감하지 못하는 분에겐 아무 의미 없는 기호로 보인답니다. 이 메일도 마찬가지고요.

    저는 신문에 강아지 탐정소 광고를 올린 견 탐정입니다. 강아지라 불리기에는 나이가 많아 개 견(犬)자를 써서 견 탐정이라고 불리지요. 이것으로 제가 강아지인지, 사람인지에 대한 답변이 되었겠지요?

    그리고 오래전에 헤어진 강아지도 찾을 수 있냐고 질문하셨죠? 물론입니다. 저희 강아지 탐정소에서는 사람으로 치면 지문이라고 할 수 있는 강아지만의 체취와 강아지 언어를 이용해 전문적인 수색 작업을 하고 있거든요. 찾으려는 강아지에 대한 정보와 헤어지게 된 사정 등을 알려 주시면 곧바로 조사에 들어가겠습니다.

아차차, 가장 중요한 질문에 대한 답변을 안 드렸군요. 요금은 강아지를 찾은 후에 딱 받을 만큼만 받도록 하겠습니다. 너무 비싸지 않으니 안심하셔도 됩니다.

✉ 제목 : 쿵쿵이의 안부가 궁금합니다.   ★

와! 정말 사람이 아닌 강아지 탐정이라고요? 식구들은 신문 광고도 매일도 읽을 수 없다면서 저보고 머리가 이상해진 게 아니냐고 그래요. 심지어 누나는 절 병원에 데리고 가 봐야 한다며 소란을 떠네요. 사실 식구들 중에 강아지를 좋아하는 건 저뿐이거든요.

제가 찾으려는 강아지는 올해 네 살이 되었을 수컷 말티즈 '쿵쿵이'예요. 바닥에 하도 코를 박고 쿵쿵거리며 다녀서 지어 준 이름이랍니다.

쿵쿵이를 만난 건 제가 아홉 살 때예요. 거리를 가는데 애견 가게 창문으로 쪼끄만 녀석이 꼬물거리며 저를 쳐다보고 있는 거예요. 눈처럼 하얀 털에 검정콩 같은 까만 눈이 박힌 게 꼭 백설기처럼 생긴 녀석이었죠. 녀석의 귀여운 모습에 홀딱 반한 저는 그날부터 생일 선물로 강아지를 사 달라고 엄마 아빠를 졸라댔어요.

그런데 집 안에서 동물 키우는 걸 꺼리는 부모님이 강력 반대하셨고, 누나도 털 날리는 게 끔찍스럽다며 고개를 절레절레 흔들지 뭐예요? 하지만 부모님은 결국 저의 (엄마 표현에 의하면) 쇠심줄보다 더 질긴 고집에 넘어가 강아지 뒤치다꺼리를 모두 제가 한다는 조건을 달고 허락해 주셨어요.

그렇게 해서 제 품에 온 쿵쿵이는 우리 집의 막내로 폭풍 사랑을 받고

MAIL

자랐답니다. 그렇게나 반대했던 부모님과 누나도 착하고 순한 쿵쿵이의 매력에 흠뻑 빠지는 눈치였죠.

한데 아빠가 회사에서 미국으로 발령이 나고 온 가족이 함께 한국을 떠나면서 쿵쿵이를 입양 보내게 되었어요. 물론 저는 쿵쿵이를 데리고 가겠다고 졸랐지만 소용없었어요. 사람도 적응하기 어려운 해외 생활에 강아지까지 데려갈 수 없다는 게 이유였죠.

쿵쿵이와 헤어지던 날이 생각나네요. 집을 나서는 식구들을 보고 자기도 가는 줄 알고 꼬리를 흔들며 따라나섰다가 입양할 분이 안아들자 발버둥 치며 울던 모습이요. 지금도 그때 생각만 하면 눈물이 나요.

쿵쿵이를 입양한 분은 우리가 살던 아파트 반장 아줌마예요. 평소에

쿵쿵이를 예뻐하던 분이라 걱정 없지만 그래도 쿵쿵이의 안부가 궁금해요. 얼마나 컸는지, 얼마나 늠름해졌는지, 절 잊지는 않았는지······.

견 탐정님, 쿵쿵이의 안부를 들려주세요.

※추신 : 쿵쿵이가 입었던 옷, 택배로 보냈어요.
헤어지기 전에 입었던 옷이라 냄새가 많이 사라졌는데 괜찮을까요?
쿵쿵이 사진과 반장 아줌마 댁 주소도 첨부합니다.

✉ 제목 : 쿵쿵이 녀석, 아주 미남이네요.

고객님, 쿵쿵이 사진을 보고 탐정소 전 직원이 탄성을 터뜨렸습니다. 정말 깜찍하게 생긴 녀석이군요. 이런 녀석과 헤어졌으니 고객님이 얼마나 보고 싶어하셨을지 상상되어 잠시 울컥했습니다. 고객님, 걱정 마십시오. 입양된 집 주소를 알려 주셨으니 쿵쿵이의 안부를 묻는 것쯤은 아주 간단한 일이니까요. 곧 반가운 소식 전하도록 하겠습니다.

그리고 쿵쿵이가 입었던 옷은 도착하는 대로 분석해서 체취를 확보해 놓겠습니다. 저희 탐정소는 오래된 흔적에서 체취를 찾아내는 과학적인 방법을 갖고 있음을 알려 드립니다.

✉ 제목 : 쿵쿵이에 대한 첫 번째 소식입니다.

죄송합니다. 곧 반가운 소식 전한다고 해 놓고는 연락이 늦어졌네요.

실은 반장님 댁에 쿵쿵이가 살고 있지 않았습니다. 바로 옆집 강아지에게 들은 바로는 반장님 가족 중 한 명이 강아지털 알레르기가 심해서 도저히 쿵쿵이와 함께 살 수가 없었다고 합니다. 결국 쿵쿵이를 입양한

MAIL

지 한 달도 안 되어 다른 집에 재입양을 보냈다고 하는군요. 입양 보낸 집을 알아내는 즉시 찾아가 보고 연락드리겠습니다. 그러려면 쿵쿵이의 체취를 알 수 있는 옷이 빨리 도착해야 할 텐데 아직 받질 못했네요.

✉ 제목 : 맙소사!   ⭐

　재입양을 보냈다고요? 너무나도 화가 나서 키보드를 치는 손가락이 떨리고 있어요. 예쁘고 순한 아이라며 잘 키워 주겠다고 철석같이 약속해서 믿고 맡겼는데 어떻게 그럴 수가 있죠? 강아지털 알레르기가 있다고 바로 재입양을 보내다니 어떻게 그렇게 무책임할 수가 있냐고요. 견탐정님, 빨리 쿵쿵이를 재입양한 주인을 찾아주세요!!!

✉ 제목 : RE : 맙소사!   ⭐

　속상하겠지만 너무 화내지는 마세요. 강아지털 알레르기가 심한 분에게 강아지와 함께 사는 건 매우 힘든 일이랍니다. 무조건 참으며 키우라는 건 이기적인 말이에요. 그건 쿵쿵이에게도 부담스러운 일이 되겠죠. 책임감 있고 건강한 새 주인을 만났길 바라며 이해해 주자고요.

✉ 제목 : 쿵쿵이가 목소리를 잃었다는군요.

　고객님, 쿵쿵이 소식을 애타게 기다리고 계셨을 텐데 안타깝게도 더 애타는 소식을 전해 드리게 되었습니다.

쿵쿵이의 옷에서 분석한 체취를 근거로 주변 개들을 만나 본 결과, 쿵쿵이는 근처 세탁소 건물 2층에 사는 한 신혼부부에게 입양됐다고 합니다.

그런데 그 부부가 이미 1년 전에 이사를 갔다고 하네요. 어디로 이사를 갔는지 알아보기 위해 그 동네에서 20년 가까이 살아 터줏대감으로 불리는 불도그 할아버지를 만나 봤습니다. 불도그 할아버지는 깊은 한숨을 한 번 내쉬고는 이렇게 말하더군요.

"쿵쿵이, 그 녀석 잘 알지. 아주 요란한 녀석이었거든. 주인 부부가 출근하자마자부터 퇴근할 때까지 발로 현관문을 박박 긁으며 하루 종일 울어서 동네가 아주 떠들썩했었어. 주인이 두 번이나 바뀐 데다 낯선 환경에 적응할 새도 없이 혼자서 집을 지키다 보니 우울증이 생겼던 게야. 쿵쿵이가 울 때마다 근처 사는 친구들이 위로하느라 함께 울어 줬었지. 뭐, 이런 마음을 사람들이 알아줄 리가 있나. 동네 주민들이 시끄럽다고 주인 부부에게 항의해 댔지. 결국 쿵쿵이는 목소리를 잃었어. 주인 부부가 성대 제거 수술을 시킨 거야. 그 후 쿵쿵이는 목소리가 개미만 해져서 짖어도 밖으로 소리가 나지 않았어."

불도그 할아버지는 여기까지 말하고는 잠시 눈시울을 붉혔습니다.

지금쯤 이 메일을 읽고 목이 멜 고객님을 생각하니 마음이 무겁습니다. 그런데 죄송하게도 한 가지 더 가슴 아픈 소식을 전해야겠네요. 쿵쿵이는 세 번째 주인 부부가 이사 갈 때 함께 있지 않았다고 합니다. 이유는 아직 모르겠습니다. 쿵쿵이가 살던 세탁소 건물 건너편의 슈퍼마켓 집 강아지라면 알 것도 같은데 오늘 하필 문을 닫았네요. 만나 보고 다시 연락드리겠습니다.

제목 : RE : 쿵쿵이가 목소리를 잃었다는군요.

어……, 어떻게 이런 일이 있을 수가 있죠?

성대 제거 수술이라니 믿을 수가 없어요. 쿵쿵이는 정말 순한 아이였거든요. 도둑이 와도 짖기는커녕 꼬랑지를 흔들어 댈 녀석이라고 걱정했단 말이에요. 잘 때도 내 몸에 등을 대야만 안심하고 눈을 감을 정도로 사람을 좋아했어요.

그런 녀석이 하루 종일 아무도 없는 집에서 얼마나 외롭고 무서웠으면 현관을 긁으며 울었을까요? 그렇게 혼자 내버려 둘 거면서 데려간 이유가 뭐냐고요! 밥만 준다고 키우는 게 아니잖아요!

그리고 주인이 이사 갈 때 함께 있지 않았다는 건 무슨 말인가요?

제목 : 쿵쿵이의 행방이 묘연하군요.

고객님, 방금 슈퍼마켓 집 강아지 치치를 만나고 왔습니다. 역시 치치는 정확한 소식을 알고 있었습니다. 쿵쿵이 얘기가 나오자마자 표정이 어두워지더니 이렇게 말하더군요.

"작년 여름이었어요. 아니 여름이 저물어 가던 때였죠. 쿵쿵이가 주인을 따라 슈퍼에 왔는데 어쩐 일로 표정이 밝더라고요. 글쎄 주인이랑 바닷가로 놀러 간다는 거예요. 귀를 기울여야 알아들을 수 있는 그 작은 목소리가 한껏 들떠 있었죠.

솔직히 전, 좀 갸우뚱했어요. 평소에 산책도 잘 안 시켜 주는 사람들이 웬일인가 싶었죠. 특히 남자 주인은 쿵쿵이를 귀찮아하는 게 눈에 보였거든요. 하지만 쿵쿵이의 기분을 망치고 싶지 않아 아무 말도 안 했어요. 어쨌든 그날 쿵쿵이는 제가 본 중 가장 행복한 얼굴로 여자 주인의 품에 안겨 차를 타고 피서를 떠났어요. 그런데 그게 쿵쿵이의 마지막 모습일지 누가 알았겠어요."

그날 이후로 치치는 쿵쿵이를 만나지 못했다고 합니다. 대체 쿵쿵이는 어디로 사라진 걸까요?

 제목 : 마음에 걸리는 한 가지

아직 제 메일을 확인하지 않으셨군요. 치치를 만나고 돌아오다가 한 가지 확인해 볼 부분이 생각나 다시 슈퍼마켓으로 달려갔습니다. 제가 궁금한 점은 쿵쿵이를 데리고 간 주인 부부의 모습이었습니다. 치치의 기억에 의하면 여자 주인의 배가 터지기 직전의 풍선처럼 잔뜩 부풀어 있었다고 합니다. 그건 임신을 했고 곧 아기를 낳을 거란 얘기죠. 저는 이 부분이 '상당히' 걸리는 바입니다.

📧 제목 : RE : 마음에 걸리는 한 가지

아! 메일을 읽는 게 점점 두려워지고 있어요. 그래서 일부러 뜸 들이며 안 열어 보고 있었는데…….

쿵쿵이의 행방이 묘연하다니 이게 무슨 날벼락인가요? 이럴 줄 알았으면 쿵쿵이를 좀 더 일찍 찾아보는 거였는데 너무 후회돼요.

그런데 견 탐정님, 주인의 임신이 걸린다는 건 무슨 뜻인가요?

📧 제목 : RE : RE : 마음에 걸리는 한 가지

주인의 임신이 왜 마음에 걸리는지에 대한 답변을 드리겠습니다. 모두 그런 것은 아니지만 일부 사람들은 임신하면 강아지를 키우길 꺼린답니다. 강아지털이 배 속의 아기에게 나쁜 영향을 미칠까 봐, 또는 아기가 태어난 후 해코지할까 봐 그런다고 하더군요. 그래서 다른 집에 입양을 보내거나 심한 경우 버리는 경우도 있습니다. 물론 강아지가 정말 해를 끼치는가에 대해서는 어떤 과학적인 근거도 없지만 말입니다.

자, 추리를 해 보죠. 산책도 잘 시켜 주지 않던 세 번째 주인이 어쩐 일인지 피서 길에 쿵쿵이를 데리고 갔습니다. 그런데 쿵쿵이는 돌아오지 않았습니다. 이건 바닷가에서 쿵쿵이를 잃어버렸거나 고의로 버렸을 거라는 추측이 가능한 부분이죠. 그런데 여기서 중요한 건 남자 주인이 평소 쿵쿵이를 귀찮아했고, 여자 주인은 임신했다는 사실입니다. 그럼 조사 후 다시 연락드리겠습니다.

제목 : 반가운 소식 하나와 슬픈 소식 하나

한참 만에 연락드립니다. 조사 지역이 넓다 보니 시간이 많이 걸렸습니다. 오늘은 반가운 소식과 슬픈 소식을 동시에 전해 드려야 할 것 같습니다. 먼저 반가운 소식부터 전하겠습니다.

지난 일주일 동안 저와 견 탐정 사무소 직원들은 쿵쿵이의 세 번째 주인이 살던 집과 가까운 거리에 있는 바닷가를 다녀왔습니다. 여자 주인의 배가 곧 출산할 듯 많이 불러 있었기 때문에 피서를 멀리 가지 않았을 거라는 생각이 들었거든요.

예상하시겠지만 넓디넓은 바닷가에서 쿵쿵이의 행방을 찾는 건 사람들 말마따나 한양에서 김 서방 찾는 것과 같더군요. 그것도 1년 전의 일이니까요. 그러나 견 탐정이 누굽니까? 한번 시작한 일은 절대 포기하지 않는 집념의 소유자 아니겠습니까?

일주일에 걸친 추적 끝에 '신나라 해변가'에서 쿵쿵이와 몇 개월을 보냈던 유기견 친구들을 찾았습니다. 그들과 이야기를 나눠 보니 지난여름, 쿵쿵이가 주인 부부와 함께 바닷가에 놀러 간 것은 사실이었습니다.

그런데 이제부터 슬픈 소식을 전해야 할 것 같습니다. 쿵쿵이를 맨 처음 발견해서 가까이 지냈던 한 푸들의 말을 그대로 전하겠습니다.

"내가 처음 쿵쿵이를 본 게 8월 말이었어. 북적대던 피서객이 뜸해질 때였지. 쪼끄만 말티즈 녀석이 돗자리 주변을 맴맴 돌고 있더라고. 가

MAIL

서 물어 보니 개미만 한 목소리로 울면서 말했어. 모래사장을 뛰어놀다가 주인을 잃어버렸다고. 하지만 난 쿵쿵이가 버려진 녀석이라는 걸 금방 알았어. 주인의 연락처를 새긴 목걸이도 걸지 않았고, 끈도 매여 있지 않았거든. 피서철마다 이곳에 버려지는 개들의 공통점이지. 더구나 쿵쿵이는 주인이 앉았던 자리를 찾아와 맴돌고 있었으니 뻔했지. 내가 슬쩍 주인 찾는 걸 포기하는 게 좋을 거라고 충고했지만, 쿵쿵이는 절대 그럴 리가 없다며 주인의 냄새를 따라 바닷가 근처를 헤매고 다녔어. 그러다 여름이 가고 가을이 되어 찬바람이 불고 나서야 포기했는데, 그러면서도 혹시나 하는 마음에 바닷가를 떠나지 못하는 눈치였어. 그 후 쿵쿵이가 어떻게 살았는지는 상상에 맡기겠어."

고객님은 상상이 가실지 모르겠지만, 사람과 함께 집에서 살다가 주인에게 버려진 개는 나이가 많든 적든 기저귀를 갓 뗀 아기와 다름없답니다. 어디서 어떻게 먹을 것을 해결하고, 비바람과 추위를 피하며 병에 걸리지 않고 살아가는 방법에 대해 아무것도 모르니까요. 거기다 주인과의 행복했던 기억은 버려진 현실을 한층 더 비참하게 만들죠.

실제 '신나라 해변가' 근처에서는 굶어 죽거나 차에 치여 죽은 동물들의 시체를 어렵지 않게 볼 수 있었습니다. 그렇지 않으면 굶주림과 병에 시달리거나 사고로 장애를 입고 고생하고 있거나요. 아주 드물게 운이 좋아 인정 많은 사람에게 선택되어 바닷가를 떠나는 친구들도 있었지만, 불행하게 개장수에게 붙들려 보신탕집으로 끌려가는 경우도 있었습니다.

네, 예상하시는 대로 쿵쿵이는 올해 초 개장수에게 잡혀 갔다고 합니다. 하지만 아직 섣부른 판단은 이릅니다. 쿵쿵이와 함께 보신탕집에 끌려갔다가 도망 나온 친구가 있다는 반가운 소식을 들었거든요. 일단 그 친구를 찾아봐야겠습니다.

  고객님, 울지 마세요! 기적을 믿어 보자고요.

MAIL

✉ 제목 : 기적은 있었습니다.

늘 제 메일에 바로바로 답장을 주시더니 충격이 크신 것 같습니다. 실은 저도 너무 절망적인 상황이라 마음이 편치 않았습니다. 그런데……, 기적이란 게 있더군요. 결론부터 말씀드리자면 쿵쿵이는 보신탕집에서 살아 나왔다고 합니다!!! 고객님의 꺅~! 소리가 태평양을 건너 마구마구 들려오는 듯합니다. 어떻게 된 상황인지 믿기지 않으시죠? 그 상황을 생생하게 전달하기 위해 여기 쿵쿵이와 함께 보신탕집에서 살아나온 누렁이의 이야기를 녹음한 내용 그대로 적어 드리겠습니다.

"아, 그때 일은 너무 끔찍해서 떠올리고 싶지가 않아. 하지만 쿵쿵이를 찾는다니 어쩔 수 없지."

누렁이는 몇 번 크게 심호흡하고 나서 이야기를 시작했습니다.

"그때가 그러니까 설날을 한 일주일 남겨 뒀던 때였나? 갑자기 몰아닥친 한파로 꽤나 고생할 때였지. 우린 바닷가 근처의 폐가를 돌아다니며 살았어. 날이 어두워질 때를 기다렸다가 근처 상점이나 주택가에서 쓰레기를 뒤지며 하루하루를 연명했지. 근데 음식물 쓰레기를 노리는 놈들이 하도 많다 보니 먹기도 전에 싸움부터 해야 했고, 그러면서 다치고 죽고……. 아휴, 매일 밤 겪었던 그 전쟁이 얼마나 끔찍했는지 말도 못해. 먹는 날보다 굶는 날이 더 많았지.

그날도 건너편 동네에서 온 똥개 패거리한테 쫓겨나 쫄쫄 굶은 채 돌아왔는데 글쎄 어느 폐가에 고기 냄새를 풍기는 사료가 있질 않겠어? 대개 그런 건 우릴 잡아가려는 사람들의 수작인 걸 알기 때문에 입에도 대지 않는데 그날은 그럴 형편이 아니었어. 일주일 넘게 굶어 뱃가죽이 등을 뚫고 나올 태세라 의심할 겨를도 없이 허겁지겁 먹었지. 그러고 나니 미친 듯이 졸음이 밀어닥치는 거야. 배도 부르겠다 퍼질러 누워 한숨 늘어지게 잤는데……, 글쎄 눈을 떠 보니 이게 웬일이야. 사료를 먹은 녀석들 몽땅 보신탕집에 와 있지 않겠어? 으아, 말로만 듣던 보신탕집 고기로 잡혀 온 거였어.

우리가 할 수 있는 건 철창 안에 갇혀서 언제 저세상으로 가나 덜덜 떨며 기다리는 것뿐이었지. 쿵쿵이는 어땠냐고? 말도 마. 얼마나 충격이 심했던지 개미만 하던 목소리도 잃어버리고 구석에 웅크리고 앉아 눈만 끔뻑거리는 게 마치 죽음을 기다리는 것만 같았어. 탐정 양반 잠깐만, 나 좀 토할게. 우웩 우웩!!!

미안, 그때만 생각하면 보신탕 냄새가 떠올라서. 암튼 모두들 꼼짝없이 죽겠구나, 하고 있는데 갑자기 믿기 힘든 일이 벌어졌어. 우리가 갇혀 있는 창고로 느닷없이 여러 사람이 들어오면서 소리를 지르는 거야.

'개들이 여기 있다! 어서 구합시다!'

　　　　사람들은 우리를 철창에서 꺼내 이동장에 담기 시작했어. 알고 보니 유기견을 잡아다 보신탕으로 판다는 제보를 듣고 온 고마운 사람들이더라고.

　우린 하나하나 구출되어 이동장에 담겨 어딘가로 향했어. 그곳은 유기동물보호소였어. 잘 알겠지만 동물보호소에 가서 열흘 동안 입양되지 않으면 안락사에 처해지잖아.

　나는 나 자신을 잘 알아. 혈통도 모르는 믹스견(똥개)에 덩치까지 큰 나를 입양할 주인은 안 나타날 거라는 걸. 그래서 난 이동장이 열리는 순간, 죽을힘을 다해 도망쳤어. 미안하지만 그 후로 쿵쿵이를 챙겨 주지는 못했어. 그 녀석은 순종에 덩치도 작고 귀엽게 생겼으니까 새로운 주인을 만나지 않았을까?"

　네, 여기까지가 누렁이가 전한 말입니다. 그때 킁킁이가 동물보호소로 보내진 게 확실하다면 희망을 걸어도 좋을 듯합니다. 저는 이제 누렁이의 안내를 받아 동물보호소로 가 볼 참입니다. 부디 행복한 소식 전할 수 있기를 바라며 이만 줄입니다.

✉ 제목 : 야호!

　견 탐정님, 제가 메일을 읽으면서 비명을 지를 거라고 하셨죠? 흐흐, 어디 한 번뿐이겠어요? 엄마한테 잔소리를 한바탕 들을 만큼 아주 여러 번 비명을 질렀답니다.

　하지만 누렁이가 한 얘기를 읽다 보니 다시 분노가 치밀어 올랐어요. 주인에게 버려져 떠돌이 개가 된 것만도 끔찍스러운데 보신탕집에 끌려가다니요. 왜 우리 킁킁이가 이렇게 가혹한 시련을 겪어야 하는 거죠? 그 작고 여린 녀석이 얼마나 추위와 굶주림에 시달렸을지, 보신탕집에서 얼마나 두려움에 떨었을지…….

　도대체 사람들은 왜 그렇게 잔인한 걸까요?

　어떻게 키우던 개를 버릴 생각을 할까요?

　어떻게 거리에 떠도는 개를 잡아먹을 생각을 할까요?

　그 녀석들이 뭘 그렇게 잘못했다고. 사람을 의지해서 살아가야 하는 약한 존재들인데. 제발 킁킁이가 동물보호소에서 좋은 주인을 만났기를 간절히 바라며 견 탐정님의 소식을 기다리고 있겠습니다.

MAIL

✉ 제목 : '오래'가 누구일까~요?

    오늘 누렁이와 함께 보신탕집에서 구출된 개들이 실려 간 동물보호소에 다녀왔습니다. 다행히 우리와 말이 통하는 한 자원봉사자 덕분에 쿵쿵이의 소식을 쉽게 알 수 있었습니다. 쿵쿵이는 이 보호소에 머문 지 일주일 만에 한 할머니에게 입양되었다고 합니다.

    그분은 쿵쿵이에게 한눈에 반해 막내아들 삼아 잘 키우겠다고 하셨답니다. 오래오래 같이 살자고 즉석에서 '오래'라는 이름도 지어 주셨고요. 쿵쿵이란 이름도 좋지만 오래라는 이름도 참 잘 어울리는 것 같습니다. 혹시 고객님은 이름이 바뀌어서 서운하시려나요?

    그럼 쿵쿵이가 입양된 집에 다녀온 후 다시 메일 띄우겠습니다~.

📎 일반 첨부파일 1개

새 주인과 함께.JPG

제목 : 저는 지금 하늘을 날고 있습니다~!

 우아! 우아! 견 탐정님 메일을 읽고 환호성을 질렀어요.

 이렇게 기쁜 소식이 또 있을까요? '오래'라는 이름, 마음에 쏙 듭니다. 전혀 서운하지 않아요. 쿵쿵이가 좋은 주인을 만나 오래오래 살 수만 있다면 정말 아무것도 바랄 게 없어요. 견 탐정님, 빨리 쿵쿵이를 만나 보고 와 주세요. 그리고 제가 한국에 가게 되면 꼭 만나러 갈 테니 그때까지 건강히 있으라고 전해 주세요. 가서 예전처럼 얼굴을 실컷 부비적거려 주겠다고도요.

 아, 지금 마음은 쿵쿵이가 보고 싶어 태평양 위를 날아가고 있어요~.

 제목 : 쿵쿵이의 마지막 이름

 어제 메일을 띄우자마자 쿵쿵이가 입양된 집으로 달려갔습니다. 쿵쿵이가 사랑받고 있을 모습을 상상하면서요. 쿵쿵이가 입양된 집은 동물 보호소에서 멀지 않은 동네였습니다. 아스팔트 도로 대신 흙길이 있고, 주변에 꽃과 나무도 많은 동네! 이런 곳이라면 쿵쿵이가 마음껏 뛰어놀며 친구를 사귈 수 있는 곳이라 생각되었지요.

 저는 두근거리는 마음으로 쿵쿵이의 네 번째 주인집으로 다가갔습니다. 다행히 대문이 열려 있더군요. 대문 안쪽 수돗가 옆에 작은 개집도 놓여 있고요. 저는 쿵쿵이가 산책을 나갔나 싶어 대문 밖으로 나와 기다렸습니다. 그런데 날이 어두워질 때까지 쿵쿵이가 돌아오질 않더군요. 다시 집 안으로 들어가 봤지만 주인으로 보이는 할머니만 보일 뿐 쿵쿵이의 모습은 끝내 찾을 수가 없었어요.

뭔가 이상한 느낌이 들어 개집으로 다가가 봤지요. 개집에는 밥그릇이 놓여 있었는데 그릇에 붙은 밥이 말라붙어 있었습니다. 적어도 일주일은 더 된 것 같더군요. 하지만 다행히 쿵쿵이의 냄새는 개집 곳곳에 배어 있었습니다.

저는 그 냄새를 따라 쿵쿵이의 행방을 추적하기 시작했습니다. 생각보다 추적은 쉬웠습니다. 쿵쿵이가 오줌을 싼 흔적이 곳곳에 남아 있었거든요. 잘 아시겠지만 집에 갇혀 지내는 개들은 대문을 나서는 순간부터 오줌을 싸며 표시하고 다니는 습성이 있답니다. 낯섦에 대한 불안감 때문이죠.

덕분에 저는 비교적 쉽게 쿵쿵이의 흔적을 따라갔습니다. 그리고 쿵쿵이가 마지막으로 흔적을 남긴 장소에 멈추어 섰습니다. 그곳은 뜻밖에도 동물보호소 앞에 있는 소나무였습니다. 소나무 주위를 돌며 표시된 흔적에서 쿵쿵이가 얼마나 불안한 상태였는지를 알 수 있었죠.

순간, 불길한 느낌이 들었습니다. 저는 더 생각할 것도 없이 보호소 건물 안으로 뛰어 들어갔습니다. 그리고 유기동물들이 모여 있는 방으로 들어가 쿵쿵이의 이름을 불렀습니다.

"쿵쿵이, 너 혹시 여기 있니? 아니 오래야, 너 어디 있는 거니?"

그리고 쿵쿵이의 냄새를 찾기 위해 제 후각을 총동원했습니다. 너무 많은 개들의 냄새에 잠시 헛갈리기도 했지만 저는 쿵쿵이의 냄새가 진하게 배어 있는 빈 철창을 찾아냈습니다.

그 철창 앞에는 287번이라는 번호와 함께 '견종: 말티즈, 나이: 4~5세 추정, 특징: 심장 질환'이라고 적혀 있었습니다.

제가 푯말을 보고 있자 옆 철창에 있던 288번 유기견이 묻더군요.

"네가 찾는 쿵쿵인지 오래인지가 287번이었구나? 걔 말 못 하지?"

저는 말문이 막혀 대답을 못 한 채 고개만 끄덕였습니다. 그러자 건너편의 253번 유기견이 혀를 차며 말하더군요.

"그 녀석 동물보호소 앞에 있는 소나무에 묶여 있었대."

저는 다시 한 번 푯말을 확인했습니다.

'특징 : 심장 질환'

네, 그 순간 모든 게 파악되었습니다. 쿵쿵이가 왜 동물보호소 앞 소나무에 묶여 있었는지, 왜 소나무 밑동에 돌아가며 오줌 흔적을 남겼는지. 치료 비용이 부담스러웠던 할머니가 쿵쿵이를 버린 거지요. 입양된 지 겨우 반년 만에.

보호소 측에선 쿵쿵이가 파양된 '오래'인지도 모른 채 287번이라는 시한부 이름을 달아 주었습니다. 하긴 하루에도 수십 마리의 유기견이 들어오는 이곳에서 쿵쿵이를 알아볼 이가 있을까요? 하지만 저는 희망의 끈을 놓을 수가 없었습니다. 떨리는 목소리로 물었지요.

"쿵쿵이는 지금 어디 있나요?"

그러나 아무도 제 질문에 대답하지 않고 고개를 돌렸습니다. 그건 쿵쿵이가 무지개 다리를 건넜다는 뜻이었습니다. 오늘이 쿵쿵이가 동물보호소에 버려진 지 열하루째 되는 날이었다는군요. 심장병에 걸린 쿵쿵이는 지난 열흘 동안 끝내 새로운 주인을 만나지 못했던 겁니다.

글쎄요, 저는 쿵쿵이가 주인을 만나 다시 입양되는 게 나았을지 판단이 서질 않습니다. 안락사실로 향하는 쿵쿵이의 표정이 매우 편안해 보

MAIL

였다는 걸 보면 쿵쿵이는 새로운 주인에 대한 희망이 전혀 없었던 게 아닐까요?

한참 동안 멍하니 서 있는데, 보호소 직원이 비어 있는 철창의 푯말을 떼어 내고 바닥을 닦더군요. 앞으로 이 철창은 다시 열흘 동안 287번이란 이름을 부여받은 어느 강아지의 마지막 보금자리가 되겠지요.

고객님께서 쿵쿵이에게 전해 달라고 부탁하신 말은 결국 전하지 못했습니다. 대신 쿵쿵이가 마지막으로 있었던 287번 철창을 찍어 보내며, 이 메일이 저의 마지막 보고임을 알려 드립니다. 그리고 쿵쿵이를 직접 만나지 못했으므로 의뢰비는 받지 않겠습니다.

✉ 제목 : 결국……

　결국, 그렇게 됐군요. 믿고 싶지 않지만 믿어야 하는 현실인 거죠? 그렇죠?

　생각해 보면 모두 다 제 탓이에요. 제가 생일 선물로 강아지를 사 달라고만 안 했더라면……. 마지막까지 책임지겠다는 생각도 없이 그저 귀여운 강아지를 갖고 싶은 마음에 욕심냈던 제 잘못이에요. 그래서 차마 미안하다는 말도 못 하겠어요.

　견 탐정님, 그동안 쿵쿵이의 안부를 전해 주시느라 고생 많으셨습니다. 탐정 의뢰비는 많진 않지만 제 마음이라 생각하고 받아 주세요.

✉ 제목 : 영탁 군, 고맙습니다.

　영탁 군, 탐정 의뢰비는 마음으로만 받겠습니다. 쿵쿵이의 안부를 전해 달라고 의뢰해 주신 것만으로도 너무 감사했기 때문입니다. 지금쯤 하늘나라에 있을 쿵쿵이도 영탁 군의 마음을 알고 편안히 쉴 수 있을 것 같습니다.

한때 주인에게 버림받은 유기견이었던
태풍이 드림

거리를 헤매는 또 하나의 가족 '유기견'

* 버리는 이유, 많기도 많아

우리나라에서는 네 가구당 한 가구꼴로 개나 고양이 같은 반려동물을 키우고 있어요. 그중에서도 개는 전체 반려동물의 90%를 넘지요.

그런데 놀라운 점은 반려견을 키우는 사람이 늘수록 버려지는 개들 역시 늘고 있다는 거예요. 농림축산식품부 조사에 따르면 2013년 한 해 동안 신고된 유기견만 무려 9만 7,000여 마리라고 하네요.

그렇다면 사람들은 대체 무슨 이유로 키우던 개를 버리는 걸까요?

새끼 때는 귀엽고 예뻤는데 자라면서 못생겨져서, 시끄럽게 짖어서, 털이 날려서, 이사를 가게 돼서, 대소변을 못 가려서, 병에 걸려 치료비가 많이 들어서, 아기가 태어나서 위험할까 봐, 귀찮아서, 명절이나 휴가 때 돌봐 줄 사람이 없어서……. 이렇게 사람들이 동물을 버리는 이유는 다양하답니다.

* 이제 갓 기저귀를 뗀 아기더러 거리에서 혼자 살아가라고?

개의 지능은 사람으로 치면 2~3세에 불과해요. 이제 막 기저귀를 떼고 걸음마를 시작한 아이 정도지요. 더구나 수만 년 전부터 사람에게 길들여져 왔기 때문에 자연 생태계에서 스스로 먹이를 구하고 살아가기가 힘들어요.

이러니 버려진 개들은 거리를 떠돌며 온갖 병에 걸린 채 쓰레기를 뒤지며 살거나, 차에 치여 죽거나, 보신탕 재료로 팔려 가는 비참한 삶을 살게

돼요. 혹은 운 좋게 구조되어 동물보호센터에 가더라도 새로운 주인을 만나지 못하면 짧게는 열흘에서 길게는 1~2개월 안에 안락사당한답니다.

* 유기견을 방지하려는 여러 가지 노력들

이렇게 심각해져 가는 유기견 문제를 해결하기 위해 정부가 팔을 걷고 나섰답니다. 개를 키우는 사람은 시·군·구청에 본인과 개에 대한 정보(이름, 성별, 품종 등)를 등록해야 하는 '반려동물 등록제'를 시행한 것이지요. 반려동물 등록제에 등록한 개는 사람의 주민등록번호와 같은 고유번호를 받아 그것을 목걸이에 새겨 걸거나 그 정보가 담긴 칩을 몸 안에 넣어야 해요.

이 제도는 2014년부터 의무화되었어요. 만약 이를 어기면 40만 원 이하의 과태료를 물어야 한다는 것이 동물보호법에 규정되어 있답니다.

'동물보호법'에는 반려동물 등록제 외에도 반려동물을 키우는 소유자가 동물의 생명과 안전을 보호하는 것은 물론 적절한 사육 환경 제공과 예방접종을 시키는 등 복지 부문에도 책임감을 가질 것을 규정하고 있어요.

그러나 이런 법의 제정보다도 더 필요한 것은 반려동물을 아끼고 사랑하는 마음과 책임감이 아닐까요?

북극곰 기적이의
출생의 비밀

"우아~! 너무 귀여워."
"한번 안아 보고 싶다~."
"몇 살이에요?"
"이름은 뭐예요?"

'하하동물원 유아동물관'은 오늘도 관람객들의 감탄과 질문으로 시끌벅적하다. 태어난 지 이제 막 여덟 달이 된 꼬마 북극곰 기적이 때문이다.

기적이는 뒤뚱거리는 걸음으로 코를 킁킁거리며 방구석을 헤매고 다니다가 갑자기 바닥을 뱅그르르 뒹굴기도 하고, 또 느닷없이 방 한쪽에 있는 작은 풀장으로 뛰어들어 헤엄친다. 그럴 때마다 관람객들은 카메라 셔터를 누르며 환호성을 보내 준다.

"기적이는 하하동물원에 사는 북극곰 하양이가 낳은 새끼예요. 아빠는 호호동물원에 사는 수컷 북극곰 빙판이고요. 작년 봄에 하양이랑 빙판이가 짝짓기를 하고 임신해서 크리스마스 날에 태어났어요."

기적이를 돌보는 사육사 형은 관람객들의 반응에 신이 나서 기적이 자랑에 바쁘다.

"그런데 이름이 왜 기적이예요?"

유아동물관 유리벽에 다닥다닥 붙어 있는 꼬맹이들 중 누군가가 큰 소리로 질문했다. 하루에도 몇 번씩 나오는 질문이다.

"동물원에 사는 북극곰은 임신하기도 어렵고, 새끼를 낳는 것도 엄청 어려워요. 동물원에서 북극곰 새끼가 태어나는 일은 거의 기적이라고 말할 정도거든요. 그런데 하양이가 하하동물원에서 산 지 15년 만에 임신하고, 흰 눈이 펑펑 쏟아지는 크리스마스 날 새끼를 낳은 거예요. 그래서 정말 기적 같은 일이 생겼다고 기적이란 이름을 지어 줬어요."

사육사 형의 대답에 꼬맹이들이 고개를 끄덕였다.

실제로 엄마 하양이의 임신과 기적이의 탄생 소식은 해외 토픽으로 소개될 만큼 화제가 되었다. 기적이가 태어나던 날은 하하동물원이 카메라를 든 기자들로 꽉 차서 발 디딜 곳이 없을 정도였다. 그리고 기적이가 지내는 유아동물관이 개방되고 나서는 주말마다 기적이를 보려는 관람객이 구름같이 몰려들고 있다.

하하동물원 관장님은 기적이를 볼 때마다 흐뭇한 미소를 지으며 이렇게 말했다.

"만성 적자로 문 닫을 뻔한 동물원을 살렸으니 기적이 네가 복덩이다, 복덩이!"

덕분에 기적이는 하하동물원의 마스코트로 귀한 대접을 받고 자라고 있다. 기적이가 한 끼만 안 먹어도 수의사 선생님이 달려와 진료를 봐 줄 정도다. 기적이는 이곳이 정말정말 좋다. 딱 한 가지만 빼고.

"이제 엄마 만나러 가야지~."

사육사 형은 하루에 한 번씩 관람객이 뜸해지는 시간만 되면 기적이를 북극곰사의 방사장에 있는 엄마 북극곰 하양이에게 데리고 간다. 태어나자마자 유아동물관에서 사육사 형에게 키워진 탓에 낳아 준 엄마가 누군지도 모르는 기적이에게 엄마를 알려 주고, 함께 살 준비를 해 주려는 것이다. 그러나 기적이는 엄마를 별로 만나고 싶지가 않다. 병원에서 만난 물범 아저씨한테 들은 이야기 때문이다.

"기적아, 내가 네 출생의 비밀에 대해 이야기해 줄까?"

"출생의 비밀이요?"

"그래, 네가 왜 엄마랑 떨어져 유아동물관에서 사는지 알려 주겠단 말이야."

"에이, 그건 저도 알아요. 엄마가 몸이 아파서 그런 거잖아요."

"쯧쯧, 그렇게 알고 있을 줄 알았다."

물범 아저씨는 딱하다는 표정을 짓더니 목소리를 낮춰 말했다.

"실은 말이지, 너희 엄마가 너를 낳자마자 젖도 안 물리고 찬 바닥에 내팽개쳤다지 뭐냐."

기적이는 도무지 믿기질 않았다. 엄마가 몸이 약해 사육사 형이 대신 키워 준 줄 알았는데 자기를 버리려 했다니……. 충격에 휩싸인 기적이의 표정이 딱해 보였는지 물범 아저씨가 위로의 말을 덧붙였다.

"속상해할 것 없어. 동물원에서 태어나는 새끼들 대부분이 너 같은 경험을 한 번씩은 하니까. 가끔 어미한테 잡아먹히는 새끼들도 있어."

그날 이후로 기적이는 엄마를 만나러 가는 게 정말 싫다. 오늘도 가지 않으려고 요리조리 도망치다가 사육사 형한테 붙잡혀 억지로 끌려가고 있는 중이다. 사육사 형은 극지동물들이 모여 사는 극지동물관의 북극곰사 방사장 문 안으로 기적이의 엉덩이를 밀며 말했다.

"엄마랑 사이좋게 잘 지내고 있으렴. 저녁에 데리러 올게~."

엄마는 여느 때와 다름없이 바닥에 축 늘어져 있다. 기적이가 방사장으로 들어가도 아주 잠시 멍하니 바라보다가 고개를 돌릴 뿐이다.

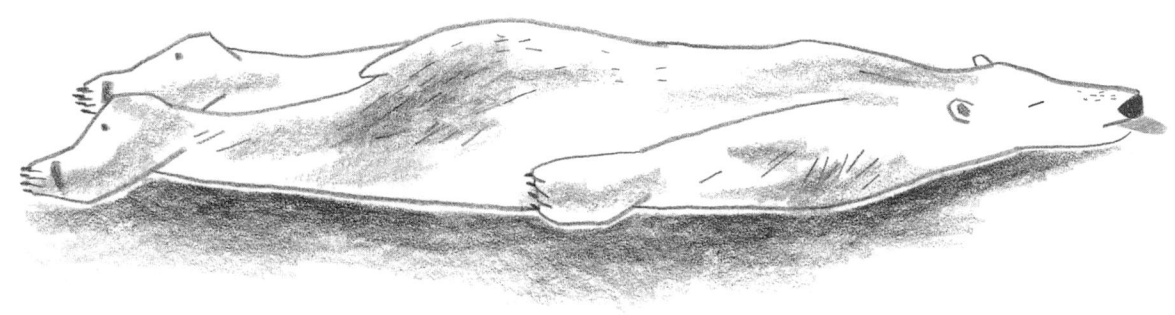

사실 이 반응도 엄청난 발전이다. 처음에 엄마는 기적이를 보자마자 철창 너머로 크르렁거리며 쫓아내려고 했었다.

그다음 번에 만났을 때도, 또 그다음 번에 만났을 때도 엄마는 기적이를 잡아먹을 듯이 크르렁거렸다. 그러기를 한 열 번쯤 했을까? 그제야 엄마는 거친 울부짖음을 멈추었고, 기적이가 방사장 안으로 들어와도 해코지하지 않았다. 그리고 이제는…… 기적이가 찾아오건 말건 아무런 관심도 없다.

오늘도 엄마는 꼼짝도 안 하고 있다. 온도가 30도를 웃돌 정도로 더운데도 물속에 들어가 헤엄치지도 않고 따가운 햇볕이 내리쬐는 바닥에 누워 혀를 반쯤 빼놓은 채 잠만 자고 있다. 하양이라는 이름에 어울리지 않게 털에는 초록색 이끼가 가득 자라 지저분하기 짝이 없다.

기적이는 엄마에게 다가갔다. 물범 아저씨가 한 말이 사실인지 확인해 볼 작정이었다. 그런데 엄마는 기적이를 피해 자리에서 일어나더니 방사장의 오른쪽으로 어슬렁어슬렁 걸어가기 시작했다. 그러더니 방사장 가장자리에 가서 고개를 한 번 크게 휘젓고는 뒤돌아서서 왔던 길을 다시 되짚어 걸었다. 그리고 가장자리에 도착하자 또 고개를 크게 휘젓고는 몸을 되돌려 걸어가는 걸 반복했다.

"엄마, 나랑 얘기 좀 해요!"

기적이가 아무리 불러도 들은 체 만 체, 같은 동작만 시계추처럼 반복할 뿐이었다.

"저 어미 곰 걷는 것 좀 봐. 되게 웃겨."

"왔다 갔다 춤추는 게 꼭 에어로빅 하는 것 같네."

통유리 너머에서 구경하던 관람객들도 엄마의 행동이 이상해 보이는지 킬킬대며 웃고 있다. 그런데도 엄마는 계속 왔다 갔다 똑같은 행동만 반복하고 있다.

기적이는 엄마가 정말 답답했다. 어린 기적이도 어떻게 하면 관람객들이 좋아하는지 알고 있는데 말이다. 관람객들이 자기 이름을 부를 때마다 고개를 들어 바라보고, 사육사 형이 던져 주는 먹이를 넙죽넙죽 받아먹거나, 물속에 들어가 헤엄치면 되는데 그 쉬운 걸 못 한다.

엄마는 동물원에서 15년이나 살았다면서 눈치가 없어도 너무 없다. 하루 종일 늘어져 잠들어 있지 않으면 왔다 갔다 똑같은 동작만 반복하고 있으니 인기가 없는 게 당연하다.

"엄마, 나랑 얘기 좀 하자니까요? 그만 좀 왔다 갔다 하고요!"

그러나 엄마는 기적이의 말에는 아랑곳없이 계속 같은 동작만 반복할 뿐이다. 답답한 기적이는 있는 힘껏 목소리를 높였다.

"엄마, 물어볼 게 있다고요!"

그때였다. 방사장 오른쪽 끝으로 간 엄마가 몸을 돌리지 않고 그대로 벽을 뚫고 쑤욱 들어가 버렸다. 페인트로 그려진 얼음 굴 안으로 말이다.

기적이는 너무 놀라서 눈만 끔뻑끔뻑거렸다.

굴 안쪽에서 누군가의 목소리가 들려왔다.

"기적아, 이리 들어와. 엄마한테 와."

그건 태어나서 처음 들어 보는 엄마의 목소리였다.

기적이는 잠시 머뭇거리다가 엄마가 들어간 얼음 굴 그림에 슬며시 머리를 대 보았다. 그러자 머리가 안으로 쑤욱 들어가는 것 같더니 순식간에 어깨와 몸통, 팔다리까지 무언지 알 수 없는 강한 힘에 이끌려 빨려 들어가 버렸다.

쿵! 기적이는 차갑고 푹신한 바닥에 떨어졌다. 어둠 속에서 두리번거리고 있는데 다시 위쪽에서 엄마의 목소리가 들려왔다.

"우리 아가 왔구나. 겁내지 말고 굴 밖으로 나와. 어서!"

고개를 들어 보니 굴 밖에서 엄마가 미소를 지으며 내려다보고 있었다. 기적이는 머뭇머뭇거리며 굴 밖으로 머리를 내밀었다.

굴 밖은 온통 하얀 세상이었다. 지난겨울에 사육사 형이 구경시켜 준 하얀 눈과 얼음이 끝도 없이 펼쳐져 있었다. 유아동물관과 방사장 벽에 그려진 그림과 비슷한 것도 같았다.

하지만 동물원과는 전혀 다른 싸늘한 공기가 온몸을 감쌌다. 그런데 춥다기보다는 몸이 깨어나는 것 같은 느낌이 들었다. 엄마는 어리둥절해하는 기적이에게 볼을 비비며 이름을 불러 주었다.
 "우리 기적이, 정말 많이도 컸구나."
 기적이는 엄마의 생소한 모습이 당황스러웠다. 이렇게 다정하고 상냥한 눈빛과 명랑한 목소리를 가진 엄마라니! 게다가 초록색 이끼가 수두룩하던 엄마의 지저분한 털은 어느새 눈부신 하얀색으로 변해 있어서 너무나도 아름다웠다.
 "여기는 엄마가 동물원에 오기 전에 살던 북극이야. 17년 전에 이 얼음굴에서 태어나 두 살까지 살았어."
 "북극……."
 기적이는 자기가 북극곰인 이유가 북극에 사는 곰이기 때문이라는 걸 알게 되자 기분이 묘했다. 그때 엄마가 눈 위를 뒹굴며 말했다.

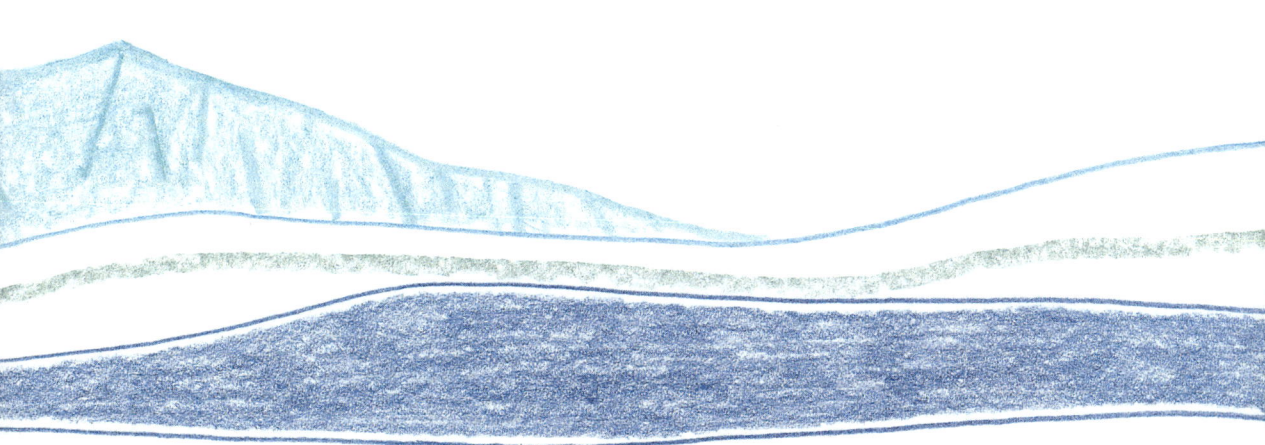

"기적아, 엄마가 너한테 가르쳐 줄 게 엄청 많아. 지금부터 엄마 따라 해 봐."

기적이는 엄마가 하는 그대로 따라했다. 온몸에 와 닿는 차가운 눈의 감촉이 너무나도 상쾌하고 시원했다. 마치 목욕하는 것처럼. 이번에는 엄마가 몸을 일으켜 경사진 눈 언덕을 빠르게 올라갔다. 기적이도 엄마를 따라 언덕으로 올라갔다. 꼭대기에 오르자 풍경이 한눈에 들어왔다. 온통 눈과 얼음으로 뒤덮인 세상. 처음 와 보는 곳이지만 이상하게도 마치 태어나기 전부터 살았던 곳처럼 친근하게 느껴졌다.

엄마는 다시 경사진 눈 언덕을 미끄럼 타듯이 내려갔다. 기적이도 엄마를 따라 내려갔다. 그리고 둘은 끝도 없이 펼쳐진 눈 위를 달렸다. 동물원 방사장에서 몇 미터밖에 안 되는 거리를 왔다 갔다 하던 엄마는 끝이 어딘지 알 수 없는 넓은 눈밭 위에서 조금의 망설임도 없이 방향을 잡으며 빠른 속도로 달려갔다.

기적이는 엄마를 따라 달리는 중간중간 멈춰 서서 가쁜 숨을 몰아쉬었다. 이렇게 눈 위를 걸어 본 것도 처음이고 넓은 거리를 걸어 본 것도 처음이라 엄마의 빠른 걸음을 따라가기가 버거웠다. 생각해 보니 기적이가 걸어 본 공간은 유아동물관의 작은 방과 엄마가 사는 북극곰사 방사장이 전부였다.

그 사실을 누구보다 잘 아는 엄마는 기적이가 뒤처질라치면 멈춰서 기다려 줬다.

"많이 힘드니?"

기적이는 대답도 못 한 채 혀를 반쯤 내밀고 헉헉거렸다.

"애고, 북극곰 체면이 말이 아니네. 여기 사는 곰들은 하루에 50㎞에서 100㎞나 되는 거리를 다니는데 겨우 그만큼 뛰고 힘든 거야?"

"아니요, 할 수 있어요!"

살짝 자존심이 상한 기적이는 있는 힘을 다해 엄마를 따라 달렸다.

엄마는 눈 언덕이 끝나는 해안가에 멈춰 섰다. 그 앞에는 거대한 얼음 덩이가 천천히 흘러가는 바다가 펼쳐져 있었다.

"이야~!"

"북극바다란다. 엄마가 너한테 꼭 보여 주고 싶은 곳이었어."

엄마는 말을 끝내자마자 물속으로 풍덩 뛰어들었다. 기적이는 헤엄을 칠 줄은 알았지만 바다에 들어가는 건 머뭇거려졌다. 동물원에 있는 작은 수영장에서만 헤엄을 쳐 봐서 이렇게 넓이도 깊이도 가늠할 수 없는 바다로 들어가는 건 무서웠다. 저만치 앞서 헤엄쳐 가던 엄마가 뒤를 돌아봤다.

"겁낼 거 없어. 앞다리로 물을 가르고 뒷다리로 방향을 틀면 돼."

기적이는 엄마의 응원에 힘입어 용기 내어 바닷속으로 들어갔다. 바닷물은 소름이 돋을 만큼 차가웠지만 금방 익숙해졌다.

기적이는 엄마를 따라 바다 위에 떠 있는 널따란 얼음 위로 올라갔다. 엄마가 하는 것처럼 얼음 위에 쌓인 눈에 몸을 굴리며 물에 젖은 털을 쭈욱 짜냈다. 동물원에서는 한 번도 해 본 적 없는 재미있는 놀이였다.

갑자기 엄마가 코를 킁킁거리더니 예리한 눈빛으로 어딘가를 바라봤다. 동물원에서 보던 흐리멍덩한 눈빛과는 전혀 다른 눈빛이었다. 엄마가 바라보는 곳을 쳐다보니 건너편 얼음 위에 긴 콧수염이 양쪽으로 빳빳하게 뻗어 있는 물범 한 마리가 비스듬하게 누워 낮잠을 자고 있었다.
 엄마가 기적이 귀에 입을 대고 작은 목소리로 말했다.
 "저 물범이 오늘 우리의 먹잇감이야."
 "네? 물범을 먹는다고요?"
 기적이는 북극곰사 옆 칸에 사는 물범 아저씨를 떠올리며 눈이 동그래졌다.
 엄마는 그런 기적이가 귀여운지 입가에 미소를 지었다.
 "북극곰은 원래 물범을 먹고 살아. 동물원에서 먹던 고등어나 양미리는 심심풀이로 먹는 간식이지~."
 그러고는 눈을 가늘게 뜨고 목소리를 한껏 낮추어 말했다.
 "물범은 눈치가 빠르니까 우리가 움직이는 걸 들키면 안 돼. 넌 여기서 엄마가 사냥하는 걸 조용히 지켜보며 배우렴."

기적이는 대답대신 고개를 끄덕였다. 가슴이 콩닥콩닥 뛰었다.

엄마는 물이 튀지 않도록 발부터 물에 담그고 가만가만 헤엄쳐 물범이 누워 있는 얼음 뒤로 접근해 갔다. 그러고는 귀를 내리고 몸을 낮춘 채 얼음 주변을 맴돌며 물범의 상태를 요리조리 확인했다.

잠시 후 엄마는 얼음 위로 슬그머니 올라가더니 그 무거운 몸으로 발소리도 안 나게 물범의 뒤쪽으로 걸어갔다. 그리고 두 앞발을 번쩍 들어 잠자고 있는 물범의 몸통을 덮쳤다. 하지만 엄마의 손에 잡힌 건 아무것도 없었다. 물범이 번개 같은 속도로 도망쳐 버린 것이다.

엄마는 물범을 쫓아 바닷속으로 따라 들어갔다. 그러나 엄청난 속도로 도망치는 물범을 잡기는 힘들었던지 빈손으로 올라오고 말았다. 기적이는 너무나 안타까워 발을 동동 굴렀다.

"에이, 아깝다. 잡을 수 있었는데……."

그런데 얼음 위로 올라온 엄마는 침착한 표정이었다.

"포기하긴 일러. 아직 사냥이 끝난 게 아니거든."

그러더니 얼음 위에 있는 구멍 앞에 쭈그려 앉아 기적이에게 오라는 손짓을 했다. 기적이는 고개를 갸우뚱하며 엄마가 있는 곳으로 갔다.

"엄마, 지금 뭐하는 거예요?"

"여기서 기다리고 있으면 물범이 숨을 쉬러 올라올 거야. 그때를 노리는 거지."

기적이도 엄마 옆에 쪼그려 앉아 얼음 구멍을 들여다봤다. 하지만 아무리 얼음 구멍을 뚫어져라 쳐다봐도 물범은 나타나지 않았다. 마음이 조급해졌다.

"도대체 물범은 언제 나타나요? 한참이나 지났는데 멀리 도망친 거 아니에요?"

"쉿, 지금 얼음 밑으로 물범이 다가오고 있어!"

엄마는 귀를 바싹 곤두세우며 앞발을 들기 시작했다.

그 순간, 정말 눈 깜짝할 사이에 물범이 구멍 위로 머리를 디밀었다. 엄마는 그 틈을 놓치지 않고 물범의 머리를 물었다.

"우아, 우리 엄마 대단하다!"

기적이의 감탄에 엄마는 살짝 윙크를 해 주었다.

"이게 다 북극에 살 때 할머니한테 배운 기술이란다."

마침내 북극에서의 식사 시간이 되었다. 태어나 처음으로 맛보는 물범

고기 맛은 눈물이 날 정도로 맛있었다. 엄마는 가장 맛있고 영양가 많은 지방 부위를 잘라 기적이 앞에 놓아 주었다.

"많이 먹으렴. 그래야 얼음이 녹아 물범 사냥을 할 수 없는 여름을 버틸 수 있어."

기적이는 순식간에 먹이를 먹어 치우고 빵빵하게 불러 온 배를 하늘로 향한 채 발라당 누웠다. 배가 부르니 문득 궁금한 게 생겼다.

"엄마! 엄마는 왜 북극에서 계속 안 살고 동물원으로 왔어요?"

기적이 옆에 앉은 엄마는 허공을 바라보며 깊은 한숨을 내쉬었다. 그러고는 몹시 어두운 표정으로 말했다.

"밀렵꾼에게 잡혀 북극에 더 이상 살 수가 없었어."

엄마는 15년 전, 북극에서 보낸 마지막 날을 떠올렸다.

그날, 두 살배기였던 하양이는 물범 고기 냄새가 나는 나무상자에 앞발을 넣었다가 덫에 걸리는 사고를 당했다. 뒤늦게 하양이의 엄마가 달려와 나무상자를 부수며 하양이를 구하려고 했지만 망을 보던 밀렵꾼이 쏜 마취 총을 맞고 쓰러지고 말았다. 한참 뒤 하양이와 하양이의 엄마가 마취에서 깨어났을 때는 이미 온몸이 쇠줄로 꽁꽁 묶여 꼼짝도 할 수 없는 상태였다. 그 앞에는 밀렵꾼들이 불을 피우고 앉아 손을 녹이며 이런 얘기를 나누었다.

"흐흐, 오늘 사냥은 대성공이야. 저 쪼끄만 새끼 녀석은 서커스나 동물원에 넘기고, 어미는 모피 공장으로 보내자고!"

"어미의 덩치가 커서 값을 두둑하게 받을 수 있겠어."

"새끼도 앙증맞게 생겨서 동물원 전시용으로 딱이야!"

하양이와 하양이의 엄마는 각각 다른 배에 실려 영원한 이별을 해야 했다.

"헤어질 때 할머니가 엄마를 보며 울부짖던 소리가 아직도 또렷하게 기억나."

엄마의 눈에 눈물이 그렁그렁 맺혔다.

기적이는 엄마의 볼에 자기 얼굴을 비볐다.

"그래도 엄마가 동물원에 온 건 다행이에요."

기적이의 말에 엄마가 눈물을 멈추었다.

"다행이라니?"

"동물원에는 밀렵꾼처럼 우리를 위협하는 적이 없잖아요. 때마다 먹이를 주니까 고단하게 먹이를 잡으러 다닐 필요도 없고, 아프면 치료도 해 주고, 알아서 청소도 해 주잖아요."

기적이의 말에 엄마는 픽 하고 웃었다.

엄마는 기적이의 두 눈을 쳐다보며 물었다.

"이렇게 넓고 넓은 북극 땅보다 그 좁아터진 동물원이 좋다고?"

기적이는 몇 걸음만 뛰어가면 금방 벽이 나오는, 그래서 마음껏 걸을 수도 뛸 수도 없는 손바닥만 한 방사장을 떠올리며 고개를 가로저었다.

"이렇게 시원하고 폭신폭신한 눈이 덮인 땅보다 딱딱한 시멘트 바닥이 좋다고?"

기적이는 햇볕에 달구어져 발바닥이 델 것 같은 방사장의 시멘트 바닥을 떠올리며 고개를 가로저었다.

"이렇게 바닷물고기가 가득한 넓고 깊은 바다보다 좁고 얕은 수영장이 좋다고?"

기적이는 파란 페인트칠을 한 방사장 수영장의 소독내 나는 물을 떠올리며 고개를 가로저었다.

"이렇게 기름진 물범을 먹고 사는 것보다 고작 손바닥만 한 고등어와 양미리 토막을 먹고 사는 게 좋다고?"

기적이는 좀 전에 엄마가 잡아 준 물범 고기와 사육사 형이 주던 고등어 맛을 떠올리며 고개를 가로저었다.

"여름이면 기온이 30도 넘게 올라가 숨도 쉬기 힘든 그곳이 좋다고?"

기적이는 높은 온도 때문에 습기가 차서 이끼가 자라던 엄마의 지저분한 초록빛 털을 떠올리며 고개를 가로저었다.

"평생을 혼자 살아가는 우리가 온종일 사람들에게 둘러싸여 구경거리가 되는 게 좋다고?"

기적이는 똥 싸는 모습까지 카메라로 찍던 사람들을 떠올리며 고개를 가로저었다.

그제야 엄마가 동물원에서 왜 그렇게 기운 없이 늘어져만 있었는지, 왜 그렇게 멍한 표정을 짓고 있었는지, 왜 그렇게 방사장 바닥을 왔다 갔다 하며 똑같은 행동을 반복했는지 조금은 이해할 것 같았다.

엄마는 기적이가 차마 물어보지 못하고 있던 얘기를 꺼냈다.

"그래서 널 낳자마자 버렸던 거야."

엄마의 목소리가 가늘게 떨렸다.

"북극곰이 살기에는 너무나도 안 좋은 환경에서 널 낳아 키울 수가 없었어. 엄마처럼 동물원에 갇혀 평생을 살게 하느니 죽도록 내버려 두는 게 낫다고 판단했거든. 너를 북극곰이 아닌 북극곰으로 살게 하고 싶지 않았단다."

엄마는 더 이상 말을 잇지 못하고 흐느꼈다. 기적이는 그런 엄마에게 아무 말도 할 수가 없었다. 한참 뒤 엄마가 눈물을 삼키며 말했다.

"미안해, 정말 미안해. 너를 그런 곳에 낳아서."

"엄마, 미안해하지 말아요."

기적이는 엄마의 볼에 가만히 자기 얼굴을 대 주었다. 엄마의 볼을 타고 흐르는 눈물이 기적이의 볼과 마음을 적셨다.

그때였다. 어디선가 아주 익숙한 목소리가 들려왔다.

"하양아, 어디 있니? 기적아, 밥 먹을 시간이야!"

그건 사육사 형의 목소리였다.

엄마가 불안한 눈빛으로 말했다. 목소리도 파르르 떨렸다.

"엄만 돌아가지 않을 거야! 절대 돌아가지 않을 거야!"

그러면서 기적이를 품으로 끌어당겼다.

"기적아, 엄마랑 여기서 살자. 여기라면 널 잘 키울 자신이 있어."

기적이는 조금 망설여졌지만 엄마와 함께라면 어디서 살든 두렵지 않을 것 같았다.

"응. 엄마랑 북극에서 살 거야!"

사육사 형의 목소리가 점점 더 크게 다가오자 엄마는 반대편으로 뛰어가기 시작했다. 기적이도 엄마를 따라 달려갔다. 바다 위에 뜬 거대한 얼음을 건너고 차가운 물을 헤엄쳐 눈이 쌓인 언덕으로 허겁지겁 달려갔다.

"엄마, 저기 언덕에 얼음 굴이 보여요. 어서 저 안으로 피해요."

"그래, 굴속에 숨으면 아무도 우릴 찾지 못할 거야."

뒤에서는 사육사 형의 목소리가 점점 더 크게 쫓아오고 있었다.

기적이와 엄마는 등 뒤로 들려오는 목소리를 뿌리치고 얼음 굴 안으로 들어갔다. 어둡고 아늑한 굴이 기적이와 엄마의 마음을 감싸 주었다. 그러나 그것도 잠깐, 머리털이 한 방향으로 쏠리는 것 같더니 곧 알 수 없는 힘에 의해 머리가 당겨지면서 어깨와 몸통, 팔다리까지 쑤욱 빨려 들어갔다. 그러고는 곧 숨이 막힐 정도로 후끈한 열기가 느껴지며 발바닥에 딱딱하고 뜨거운 시멘트 바닥이 디뎌졌다. 기적이가 정신을 차리고 보니 그곳은 동물원 방사장이었다. 기적이와 엄마가 방사장 벽에 그려진 얼음 굴을 통해 다시 빠져나온 거였다.

"하양아! 기적아!"

방사장에서는 내실과 연결된 철문 뒤에서 사육사 형이 먹이를 들고 기적이와 엄마를 부르고 있었다. 그리고 수영장 건너편 유리창에는 오늘의 마지막 관람객들이 북극곰사를 구경하고 있었다.

기적이는 이 상황이 도무지 믿기질 않았다.

"엄마, 이게 어떻게 된 일이에요? 우리가 왜 또 동물원으로 돌아온 거예요?"

그러나 엄마는 멍한 눈으로 기적이를 잠시 바라보더니 방사장 안을 왔다 갔다 반복하기 시작했다. 엄마는 이제 기적이 말도 못 알아듣고 말도 할 줄 모르는 것 같았다. 하얗게 빛나던 털도 다시 지저분한 초록빛으로 변해 있었다. 북극에서 함께 지낸 다정하고 명랑하며 모르는 게 없는 똑똑한 엄마는 온데간데없고, 껍데기만 똑같은 엄마가 있을 뿐이었다.

기적이는 방사장 시멘트 바닥 한가운데에 서서 고개를 두리번거렸다. 방사장은 그대로이다. 북극의 풍경이 그려진 단단한 벽이 삼면으로 에워싸고 있는 방사장 마당과 작은 수영장도 그대로이다. 수영장 건너편의 유리벽에 관람객들이 둘러서서 카메라 셔터를 눌러 대고 있는 것도 평소와 다를 바 없다. 한여름의 햇볕에 달구어진 방사장의 뜨거운 시멘트 바닥도 여전하고, 내실로 통하는 철문 뒤에서 사육사 형이 들고 유혹하는 고등어 토막 냄새도 똑같다.

그런데 늘 아무렇지 않았던 이 익숙한 것들이 답답하게 느껴진다. 무언가 크고 묵직한 것이 가슴을 누르고 있는 것처럼 숨 쉬기가 힘들다.

기적이는 엄마를 바라봤다. 엄마는 여전히 방사장 안을 왔다 갔다 하고 있다. 방사장 끄트머리 벽에 그려진 얼음 굴 앞으로 갈 때마다 엄마는 크르렁 소리를 내며 고개를 휘젓는다. 엄마는 혹시 얼음 굴 그림 속으로 들어가기 위해 저렇게 왔다 갔다 하는 게 아닐까? 어쩌면 엄마를 따라다니면 다시 한 번 엄마가 살았던 북극으로 갈 수 있지 않을까? 그러면 진짜 북극곰으로 살 수 있지 않을까?

기적이는 엄마 하양이를 따라 왼쪽으로 걷기 시작했다. 그리고 방사장 가장자리에 가서 엄마처럼 고개를 한 번 크게 휘젓고는 뒤돌아서서 왔던 길을 다시 되짚어 걸었다. 그리고 가장자리에 도착하자 또 고개를 크게 휘젓고는 몸을 되돌려 다시 같은 길을 걸어갔다. 엄마 하양이랑 똑같이…….

갇혀 있는 삶은 불행하다 '동물원 동물'

✱ 동물원의 희한한 풍경

동물원의 북극곰사에 가면 북극곰이 우리 안 좌우를 끊임없이 왔다 갔다 하는 장면을 볼 수 있어요. 이번엔 코끼리사에 가 볼까요? 코끼리는 쉴 새 없이 몸을 앞뒤로 흔들어 대요. 또 이런 장면도 있어요. 원숭이는 쉴 새 없이 나무를 오르락내리락하고, 돌고래는 끊임없이 동그라미를 그리며 헤엄치고, 기린은 하루 종일 혀로 차디찬 철창 우리를 핥아 대요.

✱ 고통을 호소하는 동물들의 신호, 정형행동

이처럼 이해할 수 없는 동물들의 행동을 '정형행동'이라고 해요. 정형행동이란 의미 없는 행동을 반복하는 행위를 말해요.

동물들이 정형행동을 하는 이유는 비좁은 공간에 갇혀 지내기 때문이에요. 하루에 50~100km를 여행하는 북극곰에게, 매일 16km 이상을 이동하는 코끼리에게 비좁은 사육장은 감옥이나 다름없어요.

이뿐이 아닙니다. 동물들은 뻥 뚫린 공간에서 매일같이 인간과 원치 않는 만남도 가져야 해요. 이러다 보니 동물원의 동물들은 극심한 스트레스와 운동 부족으로 질병에 걸리기 쉽고, 번식하기도 어려워요. 또 어렵게 새끼를 낳더라도 어미가 새끼를 거부하는 일까지 생기곤 하지요.

* **동물원 동물들을 위한 퇴노한의 배려**

동물원에 갇힌 동물들을 위해 세계 각지에 있는 동물원들이 선택한 방법은 '동물행동 풍부화 프로그램'이에요. 최대한 야생에서와 같이 건강하고 자연스런 생활을 할 수 있도록 도움을 주는 프로그램이지요.

가령 곰에게는 기어오를 수 있는 나무로 된 시설물을 설치해 주고, 원숭이에게는 나무와 나무 사이에 밧줄을 연결해 나무 위에서 생활하는 행동을 할 수 있도록 해 주는 거죠. 또 기린에게는 풀을 담은 통을 높은 곳에 매달아 주고, 하마에게는 진흙 목욕탕을 만들어 줘 맘껏 휘젓고 다닐 수 있게 하는 거죠.

우리나라에서도 서울동물원에서 2003년부터 동물행동 풍부화 프로그램을 운영하며 동물원 동물들의 복지에 힘쓰고 있어요. 하지만 아직 많은 동물원들이 경제적인 문제로 노후화된 시설물과 환경을 개선해 주지 못하고, 동물행동 풍부화 프로그램 운영도 어려운 형편이에요.

이에 지난 2013년에 동물원 동물에게 쇼를 금지하고, 사육 중인 동물이 아플 경우 의료 조치를 반드시 취해야 한다는 등의 내용을 담은 동물원법이 발의되었어요. 또 사육시설 등록제가 도입되어 모든 동물원은 야외 방사장과 울타리, 그늘막 등 동물사육을 위한 필수 시설을 설치하도록 하는 등의 노력이 이루어지고 있답니다.

토끼 1369번의
마지막 하루

▶ 24시간 전

24시간 전 | 3월 17일 오전 9시

응급실에 들어온 지 이제 막 이틀이 지나 사흘째가 되었다. 우리는 눈에 알 수 없는 병이 생겨 치료를 받는 중이다. 매시간마다 눈에 안약을 넣고 상태를 검사받고 있다. 아무래도 독한 전염병에 걸린 것 같다. 나도 친구들도 모두 눈이 퉁퉁 붓고 고름과 핏물이 흘러내리고 있다.

오전 9시가 되자마자 하얀 가운을 입은 의사 선생님이 들어왔다. 의사 선생님은 우리의 눈 안쪽에 주사기에 담은 안약을 한 방울씩 넣어 주었다. 안약이 들어갈 때마다 눈동자가 타들어 가는 것처럼 시리고 아프다. 하지만 우리의 몸은 단단한 나무틀에 갇힌 채 얼굴만 밖으로 내놓고 있는 상태라 옴짝달싹할 수가 없다. 눈을 감을 수도 없다. 눈꺼풀이 머리 쪽으로 고정되어 있기 때문이다.

"많이 아프지? 오늘 하루만 더 참으면 끝난다."

의사 선생님이 얼굴을 쓰다듬으며 말했다. 좀 기운이 나는 것 같다.

그런데 아프다고 이틀째 밥도 물도 안 주는 건 너무하지 않나? 밥을 못 먹으니까 기운이 없어서 더 아픈 것만 같다.

▶ 22시간 전

22시간 전 | 3월 17일 오전 11시

"며칠 전만 해도 우리 참 좋았었는데……."

내 옆의 나무틀에 들어가 있는 1368번이 말했다.

아참, 우리는 이곳 희망연구센터에서 번호로 불린다. 토끼 농장에서 여기로 옮겨지고 난 뒤, 의사 선생님들이 우리를 집어 드는 순서대로 귀 안쪽에 보라색 번호를 찍어 주었다. 그래서 내가 얻은 번호는 1369번.

연구센터가 뭐하는 곳인지는 모르지만, 이곳의 환경은 우리가 태어나 자란 토끼 농장보다 훨씬 좋았다. 냄새 하나 나지 않는 깨끗한 집과 풍부한 먹을거리, 게다가 우리를 조심스레 다뤄 주는 사람들의 따뜻한 손길까지 모든 게 만족스러웠다.

하지만 센터에 온 지 이틀이 지나고부터 농장에서 함께 온 친구들이 의사 선생님들을 따라 방을 떠났다. 그리고 다시는 얼굴을 볼 수가 없었다. 다만, 방문을 열 때마다 토끼를 비롯해 여러 동물들의 신음이나 비명 같은 게 들리는 것으로 봐서 뭔가 큰 전염병이 돌고 있는 게 아닌가 의심이 들었다. 그리고 닷새째 되었을 때 나도 열아홉 마리의 친구들과

▶ 20시간 전

함께 응급실로 옮겨져 나무틀 안에 갇히게 되었다. 제발 빨리 병이 나아서 처음 우리가 왔던 방으로 돌아가고 싶다.

20시간 전 | 3월 17일 오후 1시

　오후 1시, 의사 선생님이 안약을 넣어 주는데 응급실로 토끼 열 마리가 들어왔다. 우리와 농장에서 함께 온 친구들이다. 수다스럽기로 소문난 1497번이 우리를 보자마자 웃음을 터트렸다.
　"너희들 여기 있었구나? 근데 모가지만 내놓은 그 꼴은 뭐야?"
　내 바로 위쪽 선반에 있는 1344번이 볼멘소리로 대답했다.
　"시끄러워! 우린 엄청 아파서 지금 치료받는 중이라고. 너희도 전염병에 걸려 온 거지?"
　"아니, 우린 아픈 데 없어. 이렇게 멀쩡한걸?"
　1497번이 귀를 팔랑대며 깡충깡충 뛰는 모습을 보여 주었다.
　그러자 친구들을 데리고 온 의사 선생님이 1497번의 몸통을 잡아 들었다. 녀석의 몸이 의사 선생님의 커다란 손에 매달려 버둥거렸다.

우리는 잠시 아픈 것도 잊고 낄낄대며 웃었다.
"거 봐, 방정 떠니까 잡혔지."
그런데 우리의 웃음은 순식간에 사라졌다.
우리에게 안약을 넣어 주던 의사 선생님이 1497번에게 다가가 윙윙 소리를 내는 기계로 등의 털을 밀기 시작했다. 1497번이 소리를 지르며 발버둥 쳤지만 소용없었다. 두 의사 선생님은 아주 능숙한 손길로 등 털을 밀더니 만질만질해진 속살 위에 물약을 바르고 붕대로 칭칭 감았다. 그러고는 함께 온 아홉 마리 친구들에게도 똑같이 약을 바르고 붕대를 감아 한 마리씩 케이지 안에 넣었다. 모두 등이 따갑고 가렵다며 아우성쳤지만 의사 선생님은 들은 척도 하지 않고 응급실을 나가 버렸다. 녀석들은 등에 피부병이 걸려 온 게 틀림없었다.
우린 안타까운 심정으로 녀석들을 위로했다.
"아파도 참아. 3일만 참으면 낫는다고 했어."
그나저나 우리보다 먼저 이 방에 온 친구들은 어떻게 된 거지?

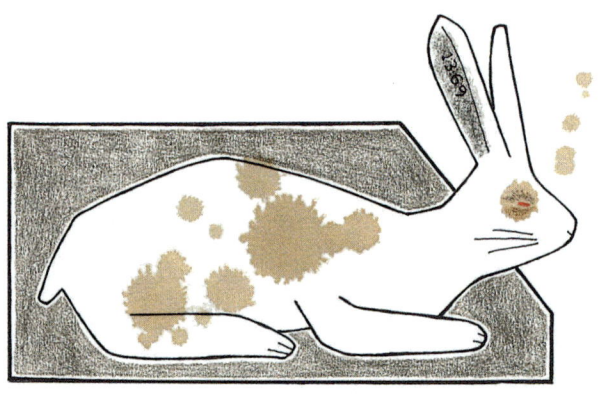

▶ 15시간 전

15시간 전 | 3월 17일 오후 6시

　오후 6시. 다시 안약 넣는 시간이 돌아왔다. 이번 안약은 지금까지와는 차원이 다르게 아프다. 눈에 불이 붙어 타오르는 것만 같다.
　아픔을 잊기 위해 잠을 청해 보지만 배가 고파서 잠도 오지 않는다. 응급실로 옮겨진 후 밥도 물도 먹지 못해 기운도 없는 상태다. 갑자기 불안한 마음이 들었다. 병이 낫고 있기는 한 건지…….
　건너편에 붕대를 감고 있는 녀석들은 계속해서 소리를 지르고 아우성이다. 나무틀에 끼어 있는 우리는 아프다는 소리를 낼 기운도 없는데.
　아까부터 눈앞에 뿌연 안개가 낀 것처럼 답답하다. 졸려서 그런 걸까?

13시간 전 | 3월 17일 저녁 8시

　저녁 8시다. 이제 우리가 응급실에 들어와 치료받은 지 이틀하고 열한 시간이 지났다. 이제 열세 시간만 참으면 되는데 참아지지가 않는다.
　"왜 계속 약을 넣는데도 낫지 않고 더 아픈지 모르겠어."
　"의사 선생님이 실력이 없나?"

이 의문은 의사 선생님이 자리를 비운 사이 응급실 문을 살며시 열고 들어온, 사람과 거의 비슷하게 생긴 동물 한 마리에 의해 풀렸다. 연구센터에서 토끼가 아닌 동물을 직접 본 건 처음이었다. 사람이 아닌 동물의 출현에 우린 몹시 반가웠다.

처음 보는 동물은 응급실 안의 우리를 한번 둘러보더니 마치 가엽다는 듯 인상을 찌푸리며 말했다.

"쯧쯧, 꼴들이 말이 아니네."

내 오른쪽 옆에 있는 1368번이 물었다.

"넌 누구니?"

사람 닮은 동물은 몸을 뒤로 젖히며 으스대는 목소리로 말했다.

"나로 말할 것 같으면 희망연구센터에서 몸값이 가장 비싼 원숭이 님이지. 나는 너희와는 다른 특별 대접을 받고 있어. 일련번호가 아니라 사람처럼 '원돌이'라는 이름으로 불리거든."

자유롭게 응급실까지 드나드는 걸로 봐서 특별 대우를 받는 동물임이 분명하긴 했다. 나는 이참에 연구센터의 사정을 알고 싶었다.

▶ 13시간 전

"이 센터에 우리 말고 또 다른 동물들이 있니?"

"당연하지. 생쥐, 기니피그, 닭, 개, 고양이, 돼지 같은 실험동물이 천 마리도 넘게 있는걸."

원숭이의 말에 위아래서 질문이 쏟아졌다.

"실험동물?"

"그게 뭔데 그렇게나 많아?"

"걔들도 우리처럼 병에 걸렸니?"

원숭이는 우리의 질문에 답답하다는 표정을 지었다.

"너희들 진짜 아무것도 모르는구나? 너희들은 그냥 동물이 아니라 실험동물이야. 의약품이나 화장품의 효능을 검사하고 각종 질병을 연구하기 위해 태어난 동물이라고."

다들 원숭이가 무슨 말을 하는지 알아들을 수가 없었다.

"좀 쉽게 말해 봐."

"지금 너희들은 화장품의 독성을 알아보는 실험에 이용되고 있어. 화장품이 뭐냐고? 사람들이 예뻐지려고 얼굴에 바르는 거야. 그 화장품

속에는 화학성분이 들어가는데, 그걸 얼마만큼 넣으면 사람한테 안전한지를 확인해야 해. 그래서 너희 토끼 눈에 넣고 측정하는 거지. 아마 화학물질의 양을 조금씩 늘려 가며 눈에 넣었을걸?"

그랬다. 눈에 안약을 넣을 때마다 양이 더 많아졌고, 그만큼 더 시리고 아팠다. 하지만 이해할 수가 없었다.

"그걸 왜 우리한테 해? 사람한테 필요한 거라면서."

우리의 말에 원숭이는 어이없다는 듯 웃었다.

"이 바보탱이들아, 화학성분이 얼마나 위험한데 그걸 사람들 눈에 실험하겠냐? 그리고 화장품 독성검사는 토끼 너희들이 딱이라더라. 눈물을 안 흘려서."

우리는 그제야 지금 우리에게 벌어지는 일을 파악할 수 있었다. 토끼들은 눈물을 거의 안 흘려서 눈 안에 이물질이 들어가도 씻어 내릴 수가 없다. 그러니 약의 반응을 확실히 볼 수가 있을 거다.

원숭이의 말에 맞은편 붕대 감은 토끼들도 웅성거렸다.

"그럼 우리도 실험당하는 거야?"

"당연하지. 지금 너희들 등에 바른 게 바로 화장품에 들어가는 화학 약품이야. 피부에 좋은지 나쁜지 실험하려고."

순간, 응급실은 먼지 날아다니는 소리도 들리지 않을 만큼 조용해졌다. 그러니까 우리는 병에 걸려 이 방에 온 것도 아니고, 병을 치료하기 위해 눈에 안약을 넣는 것도 아니었던 거다.

내 왼쪽 옆 옆에 있는 1371번이 물었다.

"그럼 이제 우린 어떻게 되는 거야?"

"어떻게 되긴. 실험이 다 끝나고 나면……."

그때 의사 선생님, 아니 연구원이 원숭이의 이름을 부르며 달려왔다.

"원돌아! 원돌아!"

원숭이는 자기 이름이 불리자마자 진열장 위로 도망쳤다. 연구원이 진열장 꼭대기에 걸터앉아 덜덜 떠는 원숭이에게 다가가 다정한 목소리로 말했다.

"우리 원돌이, 주사 맞아야 하는데 자꾸 도망칠 거야?"

그러고는 가운 주머니에서 기다란 과일을 꺼내 노란 껍질을 벗겨 원숭

▶ 10시간 전

이 코앞으로 들이밀며 미소를 지었다.

"이래도 안 올래?"

원숭이는 잠시 못 본 척하는 듯했지만 이내 입가에 침을 흘리며 연구원의 어깨에 올라타서 과일을 낚아챘다. 연구원은 원숭이의 엉덩이를 토닥이며 응급실 밖으로 데리고 나갔다.

잠시 후, 문틈으로 원숭이의 비명이 들렸다.

나는 이런 생각이 들었다. 어쩌면 우리가 원숭이보다 나은 게 아닌가 하는. 이름을 부르며 간식을 주던 사람에게 실험당한다는 건 어쩐지 더 끔찍하게 느껴졌다.

10시간 전 | 3월 17일 저녁 11시

원숭이가 다녀간 후 한참 동안 실험실 분위기는 파도처럼 출렁거렸다.

"설마 원숭이 말이 사실은 아니겠지?"

"바보! 사실이라잖아."

"그럼 실험이 끝나고 나면 치료해서 돌려보내 주겠지?"

"그러겠지. 이렇게 고생시켰는데."

"아니, 다시 살려 줄 거면 이런 식으로 실험하지도 않았을 거야. 우릴 이대로 이용만 하고 버릴 게 분명해."

설마설마 의심하며 사실이 아니길 바라는 한 가닥 희망을 걸어 보다가 다시 절망감에 빠지고, 그러다 다시 분노하며 아우성치다가 결국은 사실로 인정하는 분위기였다.

그나저나 눈앞이 점점 더 뿌옇게 보인다. 위쪽 선반에 있는 1344번도, 오른쪽 옆에 있는 1368번도 눈이 침침하다고 한다. 너무 굶어서 기운이 없기 때문일까?

어쨌든 오늘 하루가 빨리 지나갔으면 좋겠다.

6시간 전 | 3월 18일 새벽 3시

다시 안야, 아니 화학성분을 넣을 시간이 됐다. 옆자리의 1368번이 이대로 가만히 앉아서 당할 수만은 없다며 몸을 흔들기 시작했다.

"이 나무틀을 부수고 나가 버릴 거야!"

▶ 6시간 전

　하지만 단단한 나무틀이 부서질 리 없었다. 대신 몸부림 때문에 나무틀이 흔들리다가 떨어졌고, 그 옆에 있는 나까지 부딪혀 바닥으로 떨어지고 말았다. 그 바람에 나무틀이 부서져 버렸다. 연구원이 깜짝 놀라며 달려와 1368번과 나를 데리고 밖으로 나갔다.

　우리가 옮겨진 곳은 건너편 동물실험실이었다. 그곳에는 이십여 마리의 토끼들이 잠들어 있었다. 나보다 하루 먼저 실험실로 옮겨졌던 내 친구들이었다.

　나와 1368번은 바로 옆 철제 탁자 위에 올려졌다. 비로소 이틀하고 열여덟 시간 만에 나무틀에서 빠져나올 수 있었다. 눈은 아팠지만 몸이 자유로워지니 한결 나은 것 같았다. 그런데 1368번이 고개를 가누지 못했다. 연구원이 녀석의 목을 만지자 아래로 축 늘어졌다.

　"젠장, 목뼈가 부러져 기절했어."

　연구원은 녀석을 바닥에 내려놓고 내 몸의 뼈를 만져 보았다.

　"1369번은 괜찮네."

　그리고 머리가 긴 연구원에게 나를 건네주며 말했다.

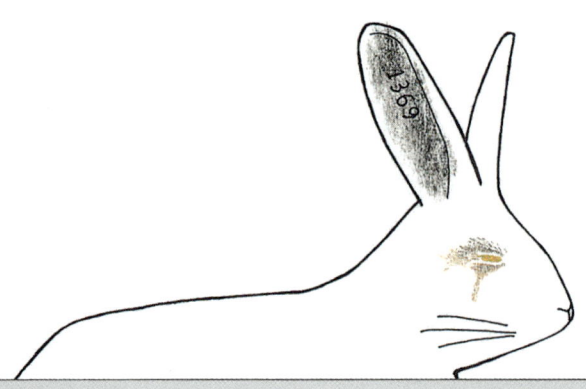

"1368번은 더 이상 실험을 진행할 수 없으니까 안락사시켜. 한 시간 뒤에 쟤들이랑 함께 안구 적출해서 검사할 거야. 1369번은 새 틀에 끼워서 제자리에 갖다 놔."

머리가 긴 연구원이 새 틀을 가지고 와서 나를 끼워 넣으려고 했다. 나는 틀 안에 들어가지 않으려고 발버둥을 쳤다.

"토끼는 순하고 얌전하다더니 이번 애들은 안 그러네. 목뼈가 부러지질 않나, 틀을 부수질 않나, 미치질 않나."

난 계속 발버둥 치며 외쳤다.

"우리 표정을 좀 봐! 우리가 괜찮은 거 같아? 너무 고통스러워서 눈이 찌푸려졌잖아. 귀도 뒤로 바싹 섰고, 코털도 빳빳해졌잖아! 당신들이 알아들을 수 있는 말을 못할 뿐 우린 너무나도 고통스러워하고 있다고!"

하지만 이런 외침이 사람들 귀에 들릴 리 없었다. 어쩌면 들을 생각이 아예 없을지도 모르겠다.

나는 실험실 거울에 비친 내 눈을 봤다. 희미하게 보이는 내 눈은 빨간색이 아니라 노란색으로 변해 있었고, 형체마저 불분명해서 나조차도 징

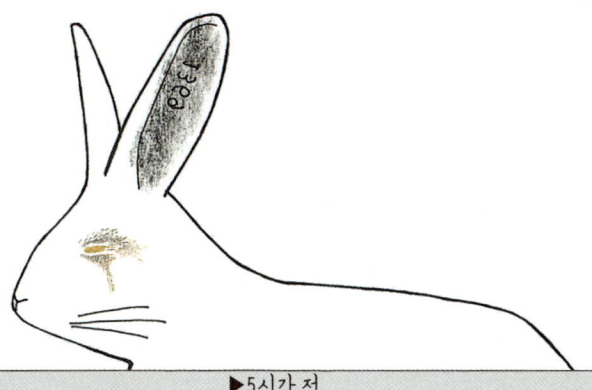

▶5시간 전

 그러웠다. 그런 눈을 아무렇지 않게 바라보고 있는 사람들. 나는 눈을 감고 그들에게 몸을 맡겼다. 도망칠 수 없다는 걸 알기 때문이다.
 나는 다시 나무틀에 끼워져 친구들이 있는 곳으로 갔다. 이 무서운 순간에 친구들과 함께 있을 수 있다는 생각이 나를 위로했다.
 오는 길에 머리 긴 연구원이 내 머리를 쓰다듬으며 말했다.
 "6시간만 버티면 편하게 해 줄게."
 편하게 해 준다는 말, 그건 곧 안락사일 거다.

5시간 전 | **3월 18일 새벽 4시**

 실험실로 돌아오자 모두 날 반기며 질문이 쏟아졌다.
 "괜찮은 거야? 1368번은 왜 안 왔어?"
 사실대로 말할 수가 없었다. 1368번이 곧 안락사당하고 연구원들이 안구를 빼낼 거라는 사실을. 이제 우리가 살 수 있는 시간이 고작 여섯 시간도 남지 않았다는 사실을.
 결국 거짓말을 했다.

"1368번은 바닥에 떨어질 때 목을 좀 다쳐서 다른 곳에서 쉬고 있어."
"좋겠다. 우리도 빨리 실험이 끝나 쉬고 싶다."
친구들은 실험이 끝나기만 하면 치료를 받고 원래 상태로 돌아갈 수 있을 거라 믿는 것 같았다. 그러니 바늘로 콕콕 찌르고 불에 데어 타들어 가는 것 같은 이 고통을 견디고 있지.
연구원은 우리가 떠들거나 말거나 다시 우리의 눈에 화학성분을 넣었다. 우리의 몸이 움츠러드는 것도 코가 움찔하는 것도 아랑곳없이 묵묵히 자기 할 일을 하고 돌아갔다.

2시간 전 | 3월 18일 오전 7시

실험실로 돌아온 후로도 연구원은 몇 번이나 반복해서 눈에 화학성분을 넣었다. 이제 나는 감각을 잃은 것만 같다. 화학성분이 눈에 들어와도 아픈지 어쩐지 모르겠다. 어쩌면 아프지 않은 게 아니라 통증에 무뎌진 것일지도 모르겠다. 그사이 깜빡깜빡 잠이 들었던 것도 같고 기절했던 것 같기도 하다. 분명한 건 앞이 거의 보이지 않는다는 것이다. 다행

▶ 2시간 전

이다. 친구들의 고통스런 모습을 볼 수 없으니.

　우린 어느 순간부터 아무 말도 하지 않고 있다. 신음조차 들리지 않는다. 3일을 거의 꼬박 굶으며 그 독한 성분을 눈에 넣고 몸부림쳤으니 신음을 낼 기운이 남아 있을 리 없다.

　나는 친구들을 불러 봤다.

"얘들아, 말 좀 해 봐."

　누구도 대답하지 않았다.

　나는 기도했다.

　빨리 시간이 흘러가 달라고.

　제발 우리의 고통을 끝내 달라고.

1시간 전 | 3월 18일 오전 8시

오전 8시, 연구원이 마지막 화학성분을 넣고 내 눈을 들여다봤다.

"쯧쯧, 눈이 멀었구나."

　상관없다. 이제 더 이상 보고 싶은 게 아무것도 없으니까.

0시간 | 3월 18일 오전 9시

오전 9시, 드디어 약속한 시간이 됐다. 이것으로 만 3일간의 실험은 끝났다. 여러 명의 연구원이 들어와 우리를 가두고 있는 나무틀을 벗겨 냈다. 그럴 때마다 툭! 툭! 소리가 났다. 기절했거나 혹은 죽은 친구들이 바닥에 떨어지는 소리들이었다.

나 역시 틀이 벗겨짐과 동시에 바닥에 툭! 소리를 내며 쓰러졌다. 몸을 가눌 힘은커녕 털끝 하나 움직일 기운도 없었다. 연구원이 그런 나의 눈꺼풀을 치켜 올리고 눈동자에 불빛을 비췄다. 검은 막 사이로 희미한 불빛이 가느다란 선처럼 보일 듯 말 듯했다.

누군가 말했다.

"이번 실험 어때?"

"눈이 먼 토끼들이 10%, 화상 입은 토끼가 20%예요. 화장품 속에 든 화학성분이 너무 독한 것 같아요."

"음, 그럼 성분을 낮춰야겠군. 실험을 안 하고 그대로 판매했으면 큰일 날 뻔했어."

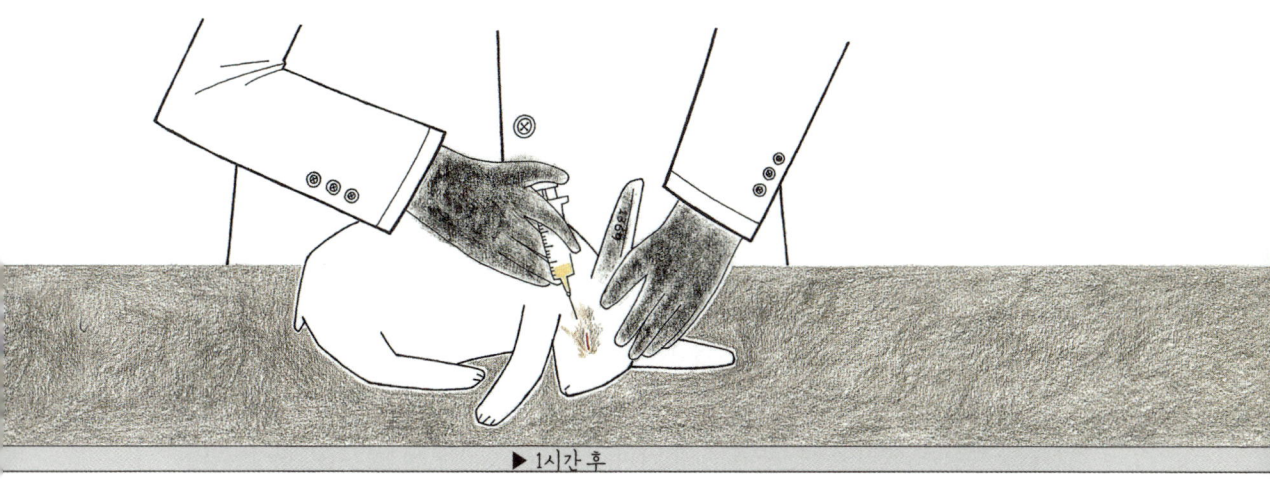
▶ 1시간 후

"이제 얘들은 어떻게 하죠?"
"전부 안락사시키고 그중에 눈이 먼 토끼들은 안구를 적출해서 검사하도록!"
안락사라는 말이 반가웠다. 지금 나와 친구들이 이 끔찍한 고통에서 벗어날 수 있는 유일한 방법은 죽음뿐이기 때문이다.

1시간 후 | 3월 18일 오전 10시

실험이 끝나고 한 시간쯤 지난 것 같다. 우리는 모두 건너편 실험실로 옮겨졌다. 아무것도 보이지 않는다는 사실은 너무 좋았지만 보이지 않아도 보이는 것들은 마지막까지 나를 괴롭혔다. 친구들의 고통스런 흐느낌, 마지막 몸부림 때문에 흔들리는 탁자.
드디어 나도 탁자 위에 눕혀졌다. 주삿바늘이 꽂혔다.
이제…… 편안히 쉴 시간이다.

인간의 아름다움을 위해 죽다 '화장품 실험동물'

* 동물실험이 아니라도 화장품의 안전성을 검증할 방법이 있다고?

동물실험에 이용되는 동물은 우리나라에서만도 한 해 300만 마리나 되고, 화장품 실험에 이용되는 동물의 수는 집계조차 되지 않는다고 해요. 그런데도 이런 실험이 계속되는 이유는 화장품이 몸에 직접 바르는 것이라 실험을 통해 안전성을 확인해야 하기 때문이래요. 이것은 언뜻 매우 합당한 이유처럼 들려요. 그래서 비록 동물실험의 방법이 비윤리적으로 느껴지더라도 안전성을 위해서는 어쩔 수 없다는 생각이 들기도 하지요.

하지만 과연 동물실험의 결과를 100% 믿어도 되는 걸까요? 실제 인체와 동물실험의 일치율은 5~25%밖에 되지 않는다고 해요. 이것은 아무리 많은 수의 동물을 대상으로 한 실험 결과라 해도 사람의 몸에 안 맞을 확률이 높다는 뜻이지요.

과연 화장품의 안전성을 검증할 수 있는 방법이 동물실험밖에는 없는 걸까요? 답부터 얘기하면 '있다'입니다.

©BUAV

가장 대표적인 방법으로는 '대체시험법'이 있어요. 살아 있는 생명체 대신 세포나 인공 피부 조직, 미생물, 계란, 식물 등을 이용해서 실험하는 거지요. 또 다른 방법은 동물실험을 마쳐서 안전성이 보장된 원료를 사용하는 것이에요. 이미 1만 8,000개 이상의 화장품 원료가 안전성이 보장되어 있다고 하니 구태여 동물실험을 반복할 필요가 없는 거지요.

✽ 세계는 지금 화장품 동물실험을 폐지하는 추세

세계 곳곳에서 동물실험에 대한 우려와 반대 의견의 목소리가 높아지고 있어요. 그 선두주자가 유럽연합(EU)이에요. 2013년 3월부터 화장품 동물실험을 반대하는 법을 발표하고, 동물실험을 한 화장품과 재료에 대한 수입과 판매까지 전면 금지시켰지요. 그리고 이에 영향을 받은 이스라엘, 인도, 동남아시아 여러 국가들이 같은 법을 발표했어요. 화장품 동물실험을 가장 먼저 실시했던 미국 역시 '인도적인 화장품 법안'을 통해 동물실험을 금지하려는 노력을 기울이고 있고요.

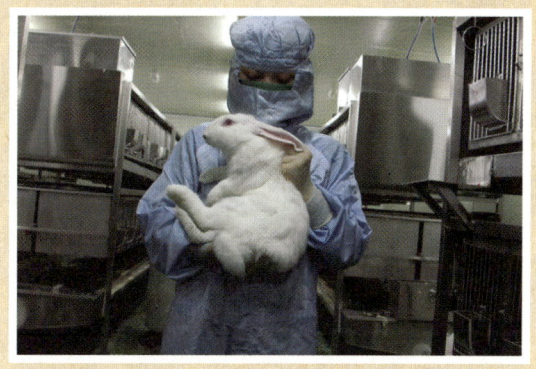

이런 분위기 속에서 우리나라도 화장품 동물실험이 꼭 필요한가에 대해 다시 한 번 생각해 보자는 인식이 확산되고 있어요.

일부 화장품 업체에서는 대체시험법으로 만든 화장품을 판매하고 있고, 소비자들 역시 동물실험을 하지 않는 착한 화장품을 구매하는 일이 늘어나고 있지요. 식품의약품안전처에서도 동물실험 대신 화장품 안전성 검증시험을 할 수 있는 동물대체시험법 가이드라인을 마련하는 등 여러 노력을 기울이고 있답니다.

닭답게 살 권리
청구소송 사건

시청자 여러분, 안녕하십니까?
생생한 현장을 생방송으로 전해 드리는 〈생생뉴스〉의 김진수 기자입니다. 오늘은 국민 여러분 모두의 관심과 시선이 몰려 있는 법원에 나와 있습니다. 잘 아시다시피 오늘 오전 10시, 대한민국에 법이 생긴 이래 처음으로 동물이 사람을 상대로 소송을 건 '닭답게 살 권리 청구소송 사건'이 열리는 날인데요. 시청자 여러분의 이해를 돕기 위해 오늘 재판이 열리게 된 내막을 설명해 드리겠습니다. 자료 화면과 함께 보시죠.

지금으로부터 석 달 전인 2월 8일 저녁 8시경, 수도권에 있는 〈행복양계농장〉에서 산란닭(알을 낳는 닭) 천 마리를 도계장(고기를 얻기 위해 닭을 죽이는 곳)으로 가는 트럭에 싣던 중, 닭들이 모두 도망쳐 버리는 사고가 발생했습니다. 이날 닭을 트럭에 싣던 농장주와 농장 직원들은 물론, 주변 농가 사람들이 총동원되어 닭을 잡는 소동을 벌였으나 단 한 마리도 잡지 못했습니다.

당시 닭 잡기에 나섰던 주민들의 인터뷰를 들어 보시겠습니다.

"아유, 말도 마요. 닭들이 얼마나 날쌔게 도망치던지 올림픽에 내보내면 금메달을 따 올 기세더라니까요? 아무래도 닭들이 도계장에 끌려가 죽을 운명인 것을 알았던 것 같더라고요."

"나가 닭들이 도망치는 꼴을 보니께 딱 알겠더라고. 고것들이 진작부터 도망칠 작정을 하고서 날을 잡은 겨. 안 그러면 그렇코롬 약속한 것 맹키로 한꺼번에 도망치지는 못하재. 뭔가 말 못 할 사정들이 있는 거여. 그런 거여."

당시 닭들의 탈출 장면이 찍힌 동영상을 접한 네티즌들은 '닭들이 뭔가 억울한 사정이 있어서 도망친 게 아니냐', '농장주가 의심스럽다', '도망친 닭들, 잡히지 말고 자유롭게 살아라'는 등의 의견을 내놓았습니다.

그러나 시간이 지나면서 이 사건은 희미하게 잊히는 듯했습니다. 그런데 사건 발생 한 달 뒤, 도망친 닭들이 농장주를 상대로 고소장을 법원에 접수했습니다. 고소 사유는 농장주가 '닭들이 닭답게 살 권리'를 빼앗았으므로 이에 대한 금전적·정신적 보상을 하라는 것이었습니다. 그날로부터 두 달 뒤인 바로 오늘! 법원에서는 '닭답게 살 권리 청구소송 사건'에 대한 재판을 할 예정입니다.

이 재판은 대한민국 아니 이 땅에 법이 생긴 이래, 사상 최초로 동물이 사람을 상대로 소송을 건 것이니만큼 국내는 물론 세계 각국의 시선이 쏠려 있습니다.

그래서 법원에서는 이례적으로 재판 현장을 전 세계에 생방송으로 중계하기로 결정했고, 지금 각 매스컴에서 나온 취재진과 카메라가 법원을 가득 메우고 있습니다. 그럼 여기서 잠깐, 재판소로 향하는 돼지 한 마리와 인터뷰하겠습니다.

"재판 구경하러 왔습니까?"
"네. 동물의 권리에 관한 최초의 재판이기 때문에 어떤 판결이 내려질지 제 눈으로 직접 보고 싶어서 왔습니다."
"동물의 입장에서 어떤 판결이 내려질 것으로 기대하십니까?"
"글쎄요. 과연 사람들이 동물에게도 권리가 있다는 걸 인정해 줄지 모르겠어요. 하지만 이런 재판이 열린다는 것만으로도 희망적입니다."
"인터뷰에 응해 주셔서 감사합니다."

이번에는 양계농장을 운영하는 분과 인터뷰를 해 보겠습니다.

"직접 양계농장을 운영하며 산란닭을 키우는 입장에서 오늘 재판에 대해 어떻게 생각하시나요?"
"뭐, 한마디로 어이없고 기가 찰 노릇이죠. 닭 주제에 권리는 무슨. 그리고 지들 밥 먹여 주고 키워 준 사람을 고소한다는 게 말이나 되는 소립니까? 살다 살다 별일이 다 일어난다 싶어서 내 눈으로 똑똑히 재판 결과를 보려고 왔습니다."
"네, 알겠습니다. 흥분 가라앉히시고 재판 잘 보시길 바랍니다."

법정 밖에서도 벌써 이렇게 서로 다른 의견이 나오는데요, 재판 결과는 어떨지 사뭇 궁금해집니다. 이제 재판 시간이 정확히 10분 남았습니다. 시청자 여러분, 채널 고정하시고 광고 뒤에 법정에서 다시 뵙겠습니다.

여기는 공개재판이 열리고 있는 제415호 법정입니다. 방청석이 발 디딜 틈 없이 꽉 찬 가운데 사건 관계자들도 도착해서 자리에 앉아 있습니다. 시청자 여러분의 이해를 돕기 위해 재판 참석자와 재판 진행 과정에 대해 설명드리겠습니다. 먼저 재판의 중심이 되는 원고와 피고를 보겠습니다. '원고'는 재판을 청구한 이로서 이 재판에서는 지난 2월 8일 농장을 탈출한 천 마리의 산란닭이 되겠죠. 오늘은 그중 한 마리의 산란닭이 원고 대표로 참석했습니다. 그리고 '피고'는 소송당한 이로서 행복양계농장의 농장주 이달재 씨입니다.

오늘 재판은 원고와 피고에게 각각 소송 권한을 받은 원고 측 대리인과 피고 측 대리인이 재판부에 증거물을 제출하고, 두 명씩의 증인을 세워 양측의 주장을 펼칠 예정입니다. 지금 방청석 맨 앞줄에 원고와 피고를 위해 증언해 줄 네 명의 증인들이 앉아 있습니다. 그중에 원고 측 증인으로 나선 산란닭 한 마리도 보입니다. 아, 말씀드리는 순간 재판관 세 명이 법정에 들어왔습니다.

재판장 지금부터 2014가단1678호 '닭답게 살 권리 청구소송 사건'에 대한 변론을 진행하겠습니다.

시청자 여러분, 방금 재판이 시작되었습니다. 지금 원고 측 소송 대리를 맡은 변호사와 피고 측 소송 대리를 맡은 변호사의 출석을 확인하고 있습니다. 이 두

변호사가 각각 원고 '산란닭'과 피고 '농장주'의 입장을 대변할 텐데요. 어떤 주장을 펼칠지 들어 보겠습니다.

재판장 먼저 원고 측 대리인께서 원고 측 주장을 말씀해 주시겠습니까?

원고 측 대리인 네, 원고는 행복양계농장에서 알을 낳는 닭으로 키워지던 산란닭 천 마리이며, 피고는 행복양계농장의 대표 이달재 씨입니다. 원고인 산란닭들은 2년 전 행복양계농장에서 태어나 닷새 만에 부리를 납작하게 잘렸습니다. 이후 날개도 펼 수 없는 좁디좁은 닭장 안에 갇혀서 하루 한 알씩 알을 낳는 기계로 살다가 지난 2014년 2월 8일 저녁 8시에 농장을 탈출했습니다.

이날 원고는 도계장으로 끌려가 죽임을 당한 후 단돈 몇백 원에 햄이나 소시지 같은 가공식품의 재료로 팔릴 예정이었습니다. 평생 땅 한 번 밟아 보지 못한 채 좁은 공간에 갇혀 알만 낳다가 닭들의 평균 수명인 20년의 10분의 1도 못 되는 20개월 만에 도계장으로 끌려가는 운명. 이것은 닭의 본성을 짓밟고 닭들이 닭답게 살 권리를 침해한 것입니다. 그러므로 농장주는 원고가 낳은 알로 얻은 모든 이익을 배상하여야 합니다.

재판장 잘 알겠습니다. 그럼 피고 측 대리인께서 원고 측 주장에 대한 답변을 해 주십시오.

피고 측 대리인 네, 저희는 농장에서 사육되는 닭들에게 권리가 있다는 말이 기본적으로 이 소송 사건을 진행할 수 없는 조건임을 말씀드립니다. 농장에서 키워지는 닭들은 애초부터 알을 낳기 위해 키워지며, 알을 낳는 기능이 떨어지면 도계장으로 보내져 사람들이 먹  을 육가공품의 재료로 쓰이는 것이 당연합니다.
또한 피고는 대한민국에 있는 거의 모든 양계농장에서 보편적으로 사용하는 사육시설과 사육방법을 사용했으므로 권리를 빼앗았다는 닭들의 주장을 받아들일 수 없습니다. 그리고 권리를 요구하기 전에 닭들이 탈출하면서 농장과 주변 농가에 끼친 피해에 대한 정신적·금전적 보상을 요구하는 바입니다.

네, 예상했던 대로 양측의 주장이 팽팽합니다. 이제 양측은 주장을 입증할 증거를 제시하겠습니다. 먼저 원고 측은 닭들이 살았던 닭장, 즉 배터리 케이지와 공장식 농장 사육으로 인해 닭들이 얻은 각종 질환에 대한 수의사의 진단서를 제출했습니다. 그리고 원고와 같은 농장에서 살았던 닭 한 마리와 닭 전문 수의사를 증인으로 신청했습니다.
한편, 피고 측은 배터리 케이지를 사용하고 있는 국내 양계농장 현황을 담은 서

류와 조류독감 같은 전염병으로 폐사한 닭들로 인해 입은 손해에 대한 금전내역서를 제출했습니다. 여기에 추가하여 양계농장협회 회장과 피고가 운영하는 행복양계농장에서 근무하는 직원 장춘식 씨를 증인으로 신청했습니다.

보시는 바와 같이 지금 세 사람과 닭 한 마리가 증인 자격으로 재판장들 앞에서 주소와 주민등록번호를 확인하고, 사실만을 말할 것을 선서하고 있습니다. 네, 지금 증인석에 원고 측의 첫 번째 증인으로 나선 산란닭이 앉았습니다. 이제 본격적인 증인신문이 시작되겠습니다. 시청자 여러분, 함께 보시죠.

재판장

재판장 원고 측 대리인 증인신문을 하십시오.

원고 측 대리인 증인 산란닭은 원고와 어떤 관계입니까?

산란닭 친구예요. 행복양계농장에서 비슷한 시기에 태어나 농장을 탈출할 때까지 같은 축사에서 지냈어요.

원고 측 대리인 증인은 농장에서 어떤 닭장에 살았습니까?

산란닭 배터리 케이지요. 가로 40㎝에 세로 20㎝의 닭장인데, 이런 닭장이 슈퍼마켓에 있는 진열장처럼 여러 단에 걸쳐 수백 개가 쌓여 있는 형태의 대형 닭장이에요.

원고 측 대리인 그럼 배터리 케이지 한 칸에 한 마리씩 삽니까?

산란닭 에이, 그럴 리가요. 한 칸에 세 마리씩 살아요.

원고 측 대리인 비좁지 않습니까?

산란닭 당연히 좁죠. 옴짝달싹할 수 없을 정도로 좁아서 날개 펴는 건 꿈도 못 꿔요. 바닥도 뻥뻥 뚫려 있어서 서 있기조차 힘들고, 걷질 못하니까 발톱이 자꾸 자라서 비비 꼬여요. 그리고 위에서 계속 떨어지는 배설

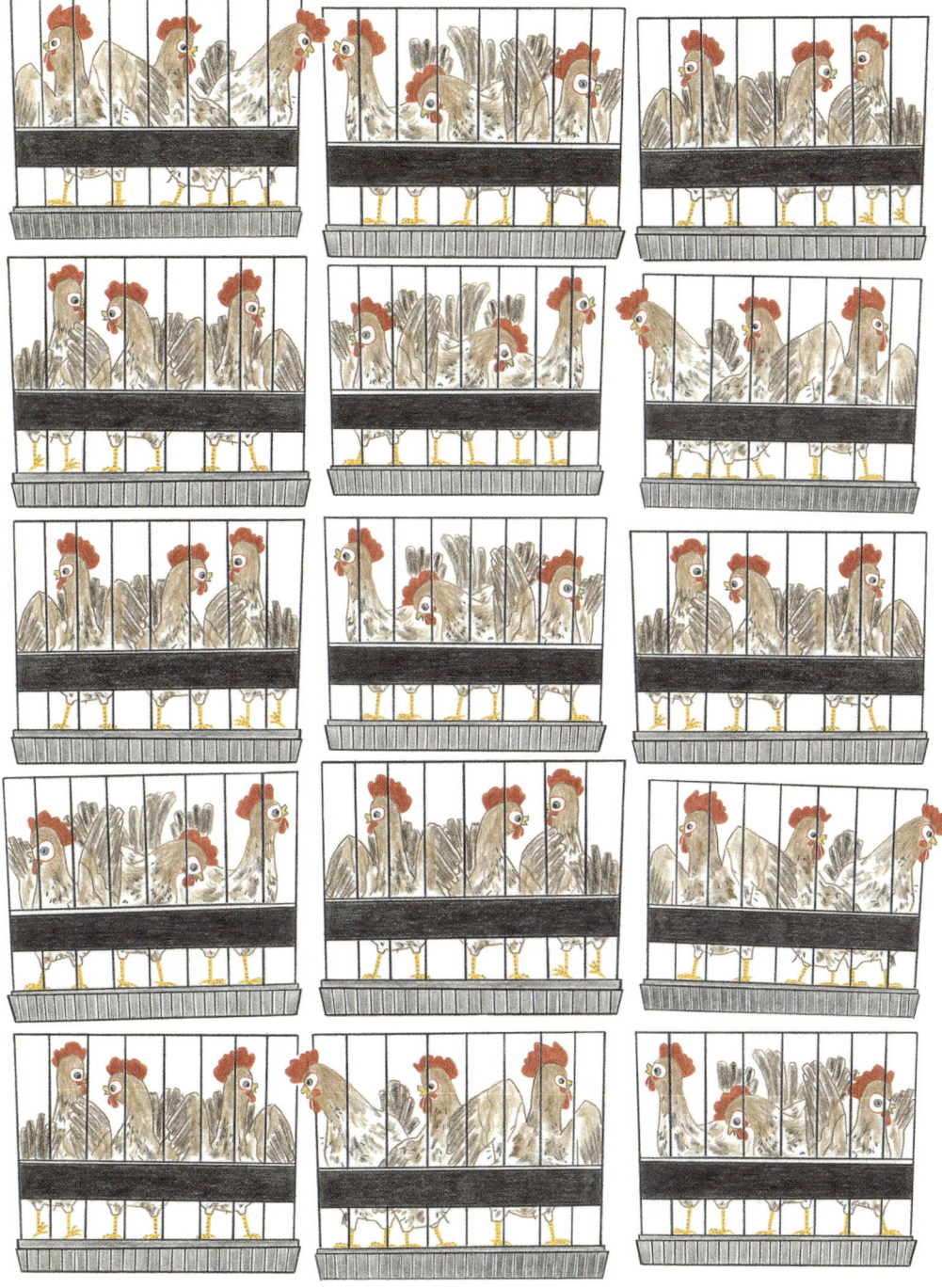

물 때문에 더럽고 냄새도 나고. 아휴, 숨쉬기도 힘들어요.

원고 측 대리인 그렇게 좁으면 자리 쟁탈전이 벌어지겠군요.

산란닭 말도 마세요. 하루 종일 서로 쪼아 대고 물어뜯고 난리도 아니에요. 약한 녀석들은 싸움에서 밀려 사료도 못 먹고, 심지어 죽기도 해요.

원고 측 대리인 그런데도 그런 환경 속에서 매일 알 한 개씩을 꼬박꼬박 낳아야 한다는 거군요?

산란닭 네. 사장님은 우리가 어두운 곳에 감춰진 둥지에서 조용히 알을 낳고 싶어 한다는 사실을 무시하거든요.

원고 측 대리인 농장주들이 무시하는 게 또 있을까요?

산란닭 또 있냐고요? 하하, 너무 많아서 오늘 안에 말하라고 하면 다 못할 정도예요. 우리는 높은 곳에 올라가 쉬고 싶고, 뾰족한 부리로 땅바닥을 쪼며 다니고 싶어요. 흙에 몸을 비비며 목욕도 하고 싶고요. 그런데 사장님은 그런 우리 맘을 너무 몰라줘요. 오직 알만 얻으려고 해요. 사장님은 우리를 알 낳는 기계 취급하거든요.

"야! 내가 언제 니들을 알 낳는 기계 취급했어! 정성껏 부화시켜서 비싼 사료 먹이며 키워 줬더니 뭐가 어째?"

아, 지금 방청석 앞줄에 앉아 있던 피고가 증인의 말에 흥분해서 소리 지르는 바람에 재판이 잠시 중단되었습니다. 방청석도 술렁이고 있습니다.

"사실이잖아요. 하루만 알을 못 낳아도 사료 값도 못 한다고 구박했잖아요!"

이젠 증인까지 발끈해서 맞대응하고 있습니다.

"피고, 재판에 끼어들지 마십시오. 한 번만 더 증인의 말을 방해하면 퇴장 조치 내리겠습니다. 그리고 증인도 원고 측 대리인의 질문에만 답하십시오."

네, 재판관의 제지로 다시 재판이 진행되겠습니다.

재판장 원고 측 대리인, 다시 증인신문을 하십시오.
원고 측 대리인 네. 증인, 알 얘기가 나와서 묻겠습니다. 알을 낳는 비율, 즉 산란율이 낮아지면 강제로 털갈이를 시킨다고 들었습니다. 그 부분에 대해 자세히 말해 주십시오.
산란닭 네, 그걸 강제환우라고 해요. 우리가 1년쯤 자라면 매일매일 알을 낳는 게 힘들어져요. 그러면 사장님이 우리를 빛도 들어오지 않는 깜깜한 방으로 옮겨 한 열흘 정도 물도 사료도 주지 않고 쫄쫄 굶겨요. 너무 배고파서 사료 통에 구멍이 나도록 쪼아 대도 사장님은 끄떡도 안 해요. 그러다 보면 깃털이 숭숭 빠지고 기진맥진해서 쓰러지죠. 그럼 이제 죽는구나 하고 모든 걸 포기하게 돼요.

산란닭

원고 측 대리인 사장님이 알을 낳는 돈 덩어리를 죽게 하지는 않을 텐데요?

산란닭 네, 우리가 굶어 죽기 직전에 사료와 물을 주세요. 그걸 먹고 기운을 차리면 새 깃털이 다시 나기 시작해요. 그러면 사장님이 우리를 원래 있던 배터리 케이지로 옮기는데, 그때부터 다시 하루에 한 개씩 알을 낳으며 4~5개월쯤 살다가 도계장으로 끌려가요.

원고 측 대리인 그러니까 강제 털갈이를 하면 산란율이 높아지는 거군요.

산란닭 네, 대신 그 과정에서 열에 셋, 넷은 죽게 돼요.

원고 측 대리인 네, 이상입니다.

재판장 피고 측 대리인, 반대신문을 하시기 바랍니다.

피고 측 대리인 네, 반대신문을 하겠습니다. 증인에게 질문하겠습니다. 농장에 사는 산란닭들은 하루에 몇 번씩 사료를 공급받습니까?

피고 측 대리인

산란닭 하루 다섯 번이요. 세 시간에 한 번씩 먹어요.

피고 측 대리인 농장에 사는 닭들은 질병 예방을 위한 어떤 조치를 받습니까?

산란닭 허벅지에 백신을 맞기도 하고 약을 탄 물을 마시기도 해요.

피고 측 대리인 그럼 증인은 밥을 굶지 않고 먹을 수 있고, 예방접종을 받을 수 있는 것이 닭답게 살 권리에 포함된다고 생각하십니까?

산란닭 어, 그러니까…… 네, 포함된다고 생각해요.

피고 측 대리인 이상입니다.

재판장 두 번째 증인 나오시고, 원고 측 대리인 증인신문을 하십시오.

원고 측 대리인 직업이 어떻게 되십니까?
수의사 닭 전문 수의사입니다.
원고 측 대리인 전문가로서 닭이 어떤 동물인지 말해 주십시오.
수의사 닭은 사회성이 매우 강한 동물입니다. 힘의 논리에 의해 철저하게 서열이 매겨지고, 한 마리의 수탉이 열 마리 정도의 암탉을 거느리며 살아가죠. 호기심도 강하고, 영리하고, 예민해서 주인의 발자국 소리도 알아들을 정돕니다. 또 닭들은 원래 가만히 있지 않고 활발히 움직이는 동물이에요. 부리로 바닥을 쪼면서 쉴 새 없이 움직이고, 흙을 파헤치고 뒹굴며 목욕해서 기생충을 털어 내죠. 그리고 높은 곳에 올라가는 것을 좋아하며 어두운 둥지에 숨어 알을 낳아요.

수의사

원고 측 대리인 그렇다면 닭들이 배터리 케이지 안에서 사는 건 닭이 가진 본성대로 살지 못한다는 것을 의미하겠군요.
수의사 물론이죠. 배터리 케이지 사육은 닭들의 본성을 철저히 무시하는 거예요. 전혀 닭답게 살지 못하는 것이죠. 그래서 그 스트레스로 닭들이 서로의 깃털을 뽑고 쪼는 공격적인 행동을 하는 겁니다. 질병이 발생하면 속수무책으로 닭들이 쓰러져 죽는 것도 좁은 공간에 너무 많은 닭들이 밀집되어 살기 때문이고요.
원고 측 대리인 네, 이상입니다.

재판장 피고 측 반대신문 있습니까?

피고 측 대리인 어, 없습니다.

재판장 그럼 이어서 피고 측 증인신문이 있겠습니다. 증인 들어와 앉으시고, 피고 측 대리인은 신문을 시작하십시오.

피고 측 대리인 증인은 대한민국 전국양계농장협회 회장 맞으시죠?

회장

회장 그렇습니다. 제가 15대부터 18대까지 4년째 회원들의 만장일치로 회장직을 맡고 있습니다.

재판장 증인은 증언에 필요한 말만 대답하십시오.

회장 흠흠, 알겠습니다.

피고 측 대리인 회장께서는 닭들을 키우는 배터리 케이지를 아십니까?

회장 아, 그걸 모를 리가 있겠습니까? 대한민국 양계농가의 99%가 사용하는 닭 사육틀인데.

피고 측 대리인 양계농장 대부분이 이 배터리 케이지를 사용하는 이유는 뭔가요?

회장 그야 적은 공간에서 많은 수의 닭을 효율적으로 키우기 위해서죠. 배터리 케이지를 사용하면 정해진 시간에 모든 닭들에게 사료와 물을 골고루 줄 수 있어 건강을 유지할 수 있거든요.

피고 측 대리인 배터리 케이지의 공간이 날개를 펼 수 없을 정도로 비좁은 건 닭들의 본성을 무시한 처사라는 비판이 있는데 그 문제에 대해서는 어떻게 생각하십니까?

회장 흠, 무시한다는 말은 듣기 거북합니다. 다만, 닭들의 본성을 제한한다는 데는 어느 정도 동의합니다. 그러나 양계농장에서 키워지는 닭은 야생에 사는 닭처럼 살 수 없어요. 양계농장에서 닭을 키우는 이유가 경제적인 이득을 얻기 위해서니까요. 적은 비용으로 높은 이득을 얻어야 하는 게 사업하는 목적 아닙니까?

피고 측 대리인 그렇더라도 닭들의 복지를 위해 다른 사육방식을 고민해 볼 수는 없겠습니까?

회장 뭐, 고민이야 늘 하죠. 하지만 그게 참 현실적으로 어렵습니다. 닭을 풀어 키우면 훨씬 넓은 공간과 노동력이 필요하고, 그렇게 되면 비용이 많이 들어 결국 달걀 값이 오르게 됩니다. 그러면 달걀은 덜 팔릴 테고 그 타격을 받는 것은 농가입니다.

피고 측 대리인 잘 알겠습니다. 이상입니다.

재판장 원고 측 대리인, 반대신문 하시기 바랍니다.
원고 측 대리인 반대신문 없습니다.
재판장 두 번째 증인 나오시고, 피고 측 대리인 신문을 시작하십시오.

피고 측 대리인 증인 장춘식 씨는 피고와 어떤 관계입니까?
직원 피고의 농장에서 일하는 직원입니다.
피고 측 대리인 일한 기간은 어느 정도이며 주로 어떤 일을 하는지 말씀해 주십시오.
직원 5년째 일하고 있습니다. 닭에게 사료와 물을 주고, 사

직원

육시설을 청소하고, 달걀을 수거해서 포장·운반하는 등 닭의 사육과 관련된 모든 일을 하고 있습니다.

피고 측 대리인 증인이 하는 일 중 닭의 부리를 자르는 일도 있나요?

직원 네. 닭이 부화한 지 5일쯤 되었을 때 레이저를 이용해 부리의 3분의 1 정도를 잘라요. 정확히 말하면 신경이나 혈관이 더 자라지 못하도록 생장점을 지지는 거죠. 이때는 신경이 살아 있지 않아 고통이 적거든요.

피고 측 대리인 아무리 고통을 최소화한다 해도 부리를 자르는 것은 잔인하게 느껴집니다. 그럼에도 꼭 해야 하는 이유가 있을까요?

직원 저도 참 닭한테 못할 짓 한다는 생각이 듭니다. 하지만 부리를 그대로 놔둬서 뾰족하게 자라면 닭장 안에서 서로를 쪼아 상처를 입혀요. 심할 때는 서로를 죽이기까지 하거든요.

피고 측 대리인 그럼 닭의 안전을 위해 어쩔 수 없이 자르는군요.

"거짓말 마! 그 이유뿐이 아니잖아!"
"돈 때문이라고 바른대로 말해!"

재판장 방청석의 닭들은 조용히 해 주십시오. 피고 측 대리인, 계속 신문하십시오.

피고 측 대리인 방금 방청석에서 돈 때문이라는 말이 나왔습니다. 혹시 부리 자르기에 경제적인 이유가 포함되어 있습니까?

직원 네에…….

피고 측 대리인 그럼 말씀해 주십시오.

직원 알을 낳으려면 사료를 잘 먹어야 해요. 그런데 부리가 뾰족하면 사료를 집기가 어려워서 많이 못 먹습니다. 사료를 집을 때 사방으로 튀어서 버려지는 것도 많고요. 하지만 부리가 납작하면 사료를 찍어 먹기 편해서 많이 먹게 되고, 사료도 거의 튀어 나가지 않아요. 그러니 부리를 자르는 게 경제적으로 이득이긴 하죠.

피고 측 대리인 그렇다면 부리를 자르는 게 꼭 나쁜 일만은 아니군요.

직원 그, 그렇다고 볼 수 있죠.

피고 측 대리인 그럼 이번에는 질문을 바꿔 보겠습니다. 증인은 농장에서 오래 일했으니 강제환우에 대해 잘 알 것 같은데요. 환우를 시키는 이유가 무엇입니까?

직원 산란닭은 산란을 시작한 지 1년쯤 지나 털갈이할 때가 되면 알을 낳는 기능이 눈에 띄게 떨어집니다. 그런데 이 털갈이하는 기간이

12~16주나 돼요. 3~4개월 동안 거의 알을 낳지 못한다는 말이죠. 그래서 털갈이 기간을 6~8주로 단축시키기 위해 강제로 환우를 시켜요. 짧게는 일주일에서 길게는 열흘 이상 보름까지 밥을 굶기면 깃털이 빠지고 새로 나면서 생체 리듬이 바뀌어 알을 잘 낳을 수 있는 상태가 되거든요.

피고 측 대리인 이것 역시 경제성 때문이군요.

직원 알이 곧 소득이니까요. 하지만 원래 닭을 비롯한 조류들은 스스로 털갈이를 하는 경우가 많아요. 이때 남의 눈에 띄지 않는 은신처에 숨어 굶으면서 하거든요. 그래서 농장에서도 빛을 차단하고 먹이를 주지 않는 거예요.

피고 측 대리인 그렇다면 어차피 한 번은 해야 할 털갈이 기간을 단축시켜 준다는 뜻이군요.

직원 그렇죠. 어차피 할 거 짧고 빡세게 하면 서로 좋잖아요.

피고 측 대리인 네, 이상입니다.

재판장 원고 측 반대신문 있습니까?

원고 측 대리인 네, 반대신문 하겠습니다. 증인은 저기 앉아 있는 원고의 부리를 보십시오. 어떻습니까?

직원 휘, 휘어져 있습니다.

원고 측 대리인 무슨 이유 때문입니까?

직원 제가 레이저로 부리를 자를 때 잘못해서 휘어지게 잘렸습니다.

원고 측 대리인 저 부리로 과연 사료를 잘 집어 먹을 수 있을까요?

직원 먹기…… 힘듭니다.

원고 측 대리인 닭이 다른 닭의 몸을 쪼아 죽일까 봐 부리를 자른다고 하셨죠? 그게 혹시 닭이 부리로 털을 고르거나 바닥을 쪼는 등 본능에 따른 행동을 할 수 없는 스트레스 때문이라고는 생각해 보지 않았습니까?

직원 그건 잘 모르겠는데요.

원고 측 대리인 아까 강제로 털갈이시키는 일도 하셨다고 했는데, 그 과정에서 목숨을 잃는 닭들은 없었나요?

직원 있었습니다.

원고 측 대리인 어느 정도나 되나요?

직원 만 마리당 삼사백 마리 정도? 근데 평소부터 몸이 약했던 녀석들이 대부분이에요.

원고 측 대리인 3~4%나 되는 닭들이 강제 털갈이로 목숨을 잃는군요.

직원 ······.

원고 측 대리인 그럼 털갈이를 마친 닭들이 낳는 알 중에 비정상적인 것이 있나요?

직원 네. 가끔 왕란도 낳고, 알록달록하거나 껍질이 두 겹인 알도 낳습니다.

원고 측 대리인 그 이유가 뭐라고 생각하십니까?

직원 털갈이를 하면서 받은 스트레스 때문인 것 같습니다.

원고 측 대리인 그렇다면 이런 끔찍한 부작용이 있다는 걸 알면서도 오직 경제적 이득을 위해 망설임 없이 부리를 자르거나 털갈이를 시키고 있다는 말이군요.

직원 ······.

원고 측 대리인 네, 이상입니다.

재판장 원고 측 대리인, 피고 측 대리인, 더 질문할 것이 있습니까?
원고 측 대리인 없습니다.
피고 측 대리인 없습니다.

재판장 그럼 원고 측 먼저 최종 변론을 해 주십시오.
원고 측 대리인 네, 저희는 원고가 농장주로부터 '닭답게 살 권리'를 빼앗긴 채 살았다고 주장합니다. 보신 바와 같이 배터리 케이지는 좁은 면적에서 최대한 많은 닭을 키우기 위해 만들어졌습니다. 좌우로 움직일 수조차 없는 이 비좁은 사육틀은 최소한의 본능적인 욕구마저도 제한하고 오직 최고의 생산성을 위해 만들어진 사육시설입니다. 만약 닭의 본능이나 습성을 파악했다면 이런 사육시설을 만들 수 있었을까요?
또한 닭을 생명체로 여겼다면 사료 낭비를 방지하고자 부리를 자르고, 산란율을 높이기 위해 열흘 이상 굶기며 털갈이를 시킬 수 있었을까요? 이 같은 일이 당연하게 벌어지고 있는 것은 닭을 오직 알 낳는 기계로만 여겼기 때문일 겁니다.
닭들이 아무리 농장에서 산란용 닭으로 태어나 농장주의 관리하에 살고 있다고 하더라도, 알을 낳아 농장주에게 이득을 주는 만큼 닭으로서 누려야 할 권리가 있다고 주장합니다. 따라서 농장주는 닭들에게 본성을 누리며 살 수 있는 환경을 만들어 주고, 그동안 닭들이 입은 육체적·정신적 피해에 대한 치료비와 위자료를 배상해야 합니다.

재판장 이번에는 피고 측 최종 변론을 해 주십시오.

피고 측 대리인 양계농장에서 키우는 닭들에게 야생의 닭들처럼 본성을 유지하며 살게 해 달라는 것은 무리한 요구입니다. 살아가는 환경과 목적이 다르기 때문입니다. 양계농장의 닭들은 어디까지나 상업적인 이익을 위해 키워지는 것이므로 닭들의 권리를 위해 농장주가 손해를 입을 수는 없습니다. 더구나 농장주가 행하고 있는 닭의 사육방식과 시설은 보편적인 것이며 법적으로도 위반 사실이 없는 정당한 것입니다. 그러므로 원고가 요구하는 권리 청구와 보상은 모두 기각되어야 합니다. 오히려 농장을 탈출하여 농장주와 주변 농가에 막대한 피해를 입힌 닭들에게 금전적·정신적 배상을 요구하는 바입니다.

재판장 그럼 이것으로 변론을 끝내겠습니다.

시청자 여러분, 방금 원고 측과 피고 측의 변론이 모두 끝나고 재판관들이 판결을 의논하기 위해 잠시 법정이 휴정에 들어갔습니다. 지금 법정 방청석은 긴장 그 자체입니다. 사상 최초로 닭들이 인간에게 빼앗긴 권리를 요구한 소송 사건에서 과연 재판관들은 어떤 판결을 내릴까요? 동물의 편을 들까요, 인간의 편을 들까요? 자, 말씀드리는 동안 재판장들이 의논을 끝내고 법정에 다시 모습을 드러냈습니다. 지금 판결을 하려나 봅니다.

재판장 지금부터 원고 '산란닭 1천 마리', 피고 '농장주 이달재' 사이의 권리 청구 사건에 대한 판결을 하겠습니다. 이 사건은 헌법 사상 최초로 동물이 자신의 권리를 청구하는 사건으로, 오늘의 재판 결과가 향후 다른 동물과 가축산업 종사자들에게 미칠 파장이 자못 클 것으로 예상되는 바입니다. 따라서 다른 참고인의 추가 진술과 증거물을 확보하고 전문가와 소비자 등의 의견을 들을 필요가 있다고 판단하여 피고 농장주에 대한 판결을 보류하겠습니다. 탕! 탕! 탕!

아, 판결이 보류되었군요. 시청자 여러분, 오늘 '닭답게 살 권리 청구소송 사건'의 판결은 내려지지 않았습니다. 재판부는 오늘의 판결이 동물의 권리와 가축산업에 미칠 영향을 우려하여 좀 더 신중한 결정을 내리겠다는 입장을 밝혔습니다. 하지만 이 같은 보류 결정에 원고 측 반응은 어떤지 원고인 산란닭과 잠시 인터뷰를 가져 보겠습니다.

"담담한 표정으로 보이는데요, 오늘 재판 결과가 어떻습니까?"
"예상한 결과이긴 해요. 왜냐면 재판관이 모두 사람이었으니까요. 사람이 닭 편을 들어 줄 리가 없잖아요? 처음부터 불공평한 재판인 걸 알고 시작했기 때문에 쉽게 이길 거라고는 생각하지 않았어요. 하지만 재판부에서 공정한 판결을 내려 주실 걸로 믿어야죠. 아무튼 현재 대한민국에 살고 있는 산란닭들과 앞으로 태어날 수많은 산란닭들을 위해, 또 이 땅에 사는 모든 동물들의 권리와 복지를 위해 이 소송이 반드시 승리하기를 간절히 바랍니다."

"네, 인터뷰에 응해 주셔서 감사합니다."

이번에는 피고인 행복양계농장의 대표 이달재 씨를 인터뷰해 보겠습니다.

"재판 결과를 어떻게 생각하십니까?"
"어떻게 생각하긴 뭘 어떻게 생각합니까? 판결을 보류하다니 이게 말이 됩니까? 이건 처음부터 할 필요도 없는 잘못된 소송이란 말입니다. 닭 주제에 권리는 무슨 권리냐고요. 아니, 내가 닭한테 잘못했다고 빌며 보상금을 줘야겠어요? 당신 같으면 주겠냐고!"
"네, 알겠습니다. 그만 진정하시지요."

네, 지금까지 원고와 피고의 반응을 들어 봤습니다. 모두 개운치 않은 반응입니다. 방청객 역시 다소 실망한 표정으로 발걸음을 돌리고 있습니다.
자, 시청자 여러분은 오늘의 재판 결과에 대해 어떻게 생각하십니까? 여러분이 재판장이라면 원고와 피고 중 누구의 손을 들어 주시겠습니까?
이상 재판 현장에서 〈생생뉴스〉 김진수 기자였습니다.

감옥 속에서 알을 낳다 '산란닭'

✱ 공장식 축산 방식과 배터리 케이지

대부분의 산란닭들은 공장식 축산 방식으로 사육되고 있어요. 공장식 축산을 하는 농장의 양계 사육장에는 땅바닥에 발을 디디고 사는 닭이 단 한 마리도 없답니다. 쇠로 만든 사각형 닭장이 고층 아파트처럼 켜켜이 쌓여 있는 배터리 케이지(Battery Cage)에 살고 있기 때문이에요.

배터리 케이지에는 세 마리씩 들어가 살아요. 한 마리의 닭에게 주어진 공간은 겨우 A4 용지의 ½ 크기로, 운동은커녕 날개 한 번 펼 수 없는 비좁은 공간이에요. 게다가 위에서 떨어지는 똥오줌으로 악취가 나고 더럽기까지 해요. 그러니까 배터리 케이지는 쉴 새 없이 땅을 쪼고, 흙에 뒹굴며, 높은 곳에 올라가기 좋아하고, 무리 지어 사는 닭들의 본성을 철저히 무시한 사육 환경인 거죠.

그러다 보니 닭들은 엄청난 스트레스에 시달려 서로의 깃털이나 살을 부리로 쪼는 이상행동을 보여요. 그 과정에서 힘이 약한 닭은 죽어 나가기도 해요. 그런데 사람들은 이런 공격적 행동을 막겠다며 부리를 자른답니다.

그뿐이 아니에요. 산란율(알을 낳는 비율)이 떨어지면 닭을 열흘 이상 굶겨 강제로 털갈이(환우)를 시켜요. 이 과정을 거치고 난 후 털이 다시 자라면 알을 잘 낳기 때문이에요. 하지만 이것도 4개월 정도. 다시 산란율이 떨어지면 닭은 도계장으로 보내져 소시지 같은 가공식품의 재료가 돼요. 이렇게 끝나는 산란닭의 수명은 길어야 20개월로, 자연에서 사는 닭의 평균 수명인 20년에 한참 못 미쳐요.

✽ 닭답게 살 수 있는 당연한 권리를 위해

선진국에서는 20여 년 전부터 '동물복지' 개념을 도입해 가축들이 타고난 본성에 맞게 살 수 있도록 최소한의 쾌적한 환경을 갖춰 주려고 노력하고 있어요. 영국에서는 이런 시설을 갖춘 농장에서 생산한 축산 제품에 인증을 해 주고 있고, 유럽연합에서는 2012년에 암탉의 배터리 케이지 사육을 법적으로 금지했지요.

우리나라도 농림축산식품부에서 '동물복지 축산농장' 인증제도를 도입했어요. 농장주는 1㎡ 바닥 면적에 9마리 이하의 산란닭을 키워야 하고, 닭장 내에 닭이 좋아하는 횃대를 설치하고, 별도의 산란장을 마련해 줘야 한다는 등의 내용으로 이루어져 있어요. 그리고 이를 따르는 농장의 달걀에는 '동물복지 축산농장' 인증 마크를 달아 판매할 수 있도록 했지요.

하지만 아쉽게도 아직 많은 축산농가들이 참여하지 못하고 있어요. 새로운 시설을 마련하기 위해선 비용이 드는데, 그에 비해 당장 생산성이 떨어지기 때문이에요. 이런 현실 속에서 가장 적절한 대안은 정부의 지속적인 관심과 지원이에요. 또 이를 위해 소비자인 우리도 동물복지 개선에 관해 꾸준히 관심을 기울이며 목소리를 높여야 하지 않을까요?

경주마 전력질주의
첫째 주 일요일

12월 첫째 주 일요일 새벽 다섯 시, 마사에 희미한 불이 켜지면서 하루가 시작되었다. 모른 척 눈을 감고 있는데 낯익은 손길이 목덜미를 부드럽게 어루만졌다. 매일 새벽마다 나를 훈련시키는 기수 형이다.

"우리 전력질주, 잘 잤니?"

'전력질주'는 바로 내 이름이다. 가지고 있는 힘을 모두 다해 **빠른 속도**로 달린다는 뜻이다. 이름이 무슨 사자성어 같아 이상하다고? 내 직업을 알면 이해될 거다. 나는 경마장의 경주마다.

나는 4년 2개월 전 겨울, 제주도의 한 육성목장(경주마를 전문적으로 생산하고 키우는 목장)에서 태어났다. 아버지는 경주마로 한 시절을 풍미하고 은퇴하여 씨수말로 높은 몸값을 자랑하던 허리케인이고, 어머니 역시 경주마로 좋은 성적을 올렸던 프린세스다. 두 분의 훌륭한 유전자를 받은 나는 태어나기 전부터 경주마로 살아갈 운명을 갖고 있었다. 우리 서러브레드 종의 말들은 오직 경주마가 되기 위해 혈통이 좋은 경주마끼리 교배시켜 태어나기 때문이다. 좀 쓸쓸하기는 하지만 이건 목장에서 태어나는 모든 말들의 운명이기도 하다.

나는 대개의 경주마가 그렇듯 목장에서 망아지 시절을 보내다가 18개월이 되었을 때부터 경주마로서 체계적인 교육을 받기 시작했다. 그리고 이때쯤 고환을 제거하는 수술을 받았다. 어렸을 때 거세하면 남성 호르몬이 줄어들어 성격이 온순해진다나? 이 말은 다시 말해 거세시키면 사람들이 우릴 길들이기 편하다는 얘기와도 같다. 이런 이유로 꽤 많은 경주마들이 거세 수술을 받고 있다.

하여간 수술 효과 때문인지는 몰라도 난 말 관계자들에게 순둥이라는 평을 듣고 있다. 지금껏 경주 도중 기수를 떨어뜨린 일도, 펜스(울타리) 밖으로 달아나는 사고도 단 한 번 친 적이 없으니 모범말이라고 해도 될 것 같다.

내가 이곳으로 온 것은 갓 두 살이 되었을 때다. 이때 처음으로 입에 재갈이 물리고 고삐가 당겨졌다.(입을 자극하던 그 아프고 불편한 느낌은 한참이 지나서야 익숙해졌다.) 또 기수가 지시하는 대로 서거나 걷고 뛰는 훈련을 받고, 1,000미터를 1분 7초 이내에 달리는 시험을 통과하면서 정식으로 경주마가 되었다. 그리고 지난해 1월 셋째 주 토요일 제 1경주에서 첫 경기를 치르면서 경주마로 데뷔했다. 데뷔 성적은 3위! 그때부터 나는 2년간, 총 23회의 경주에 출전해서 12승을 거두고 2위를 네 번, 3위를 두 번 했다. 5할의 우승을 했으니 꽤 괜찮은 성적인 편이다.

그동안 벌어들인 상금만도 10억 원이 훌쩍 넘는다. 지금 내 나이가 막 다섯 살이 되었으니 사람 나이로 치면 스무 살. 한창 전성기인 셈이다. 덕분에 나는 마주와 기수들의 사랑을 받고 있고, 경주 때마다 나에게 베팅(돈을 걸다)하는 단골 경마 팬들도 제법 된다.

"전력질주, 그만 나가 볼까?"

기수 형이 밖으로 나가자며 안장을 얹고 고삐를 잡아끌었다. 지금부터 '새벽 조교'라고 부르는 훈련을 받으러 가야 한다. 이 훈련은 경주마라면 하루도 빠짐없이 해야 하는 훈련이다. 하루 동안 하는 훈련 중 가장 중요한 훈련이기 때문이다.

밖으로 나오니 차디찬 공기가 온몸을 휘감아 돈다. 12월의 새벽 공기는 몸서리가 쳐지게 차갑고 날카롭다. 잠이 확 달아났다. 하나둘 마사 밖으로 끌려나오는 말들의 표정이 꼭 도살장에 끌려가는 것처럼 보였다. 어쩌면 내 표정도 그렇지 않을까?

지금 우리가 향하는 곳은 경마장의 경주로다. 새벽 훈련 때는 거의 6~70여 두의 말이 나오기 때문에 경주로는 그야말로 북새통을 이룬다. 여기에는 나처럼 경주를 앞둔 말들과 경주를 끝내고 몸을 회복시키는 말들이 섞여 있다.

평균 한 달에 한 번씩 치르는 경주. 그 짧은 순간을 위해 우리는 이렇게 매일 새벽에 나와 훈련을 받는다. 훈련은 병원에 입원해 있지 않는 한 단 하루도 거를 수가 없다. 경주마는 그냥 말이 아니라 경주를 해야 할 '의무'가 있는 말이기 때문이다. 나도 지난 3주 동안 오늘 오후에 있을 경주에 출전하기 위해 오전과 오후로 이어지는 고된 훈련을 받아 왔다.
　기수 형은 오후 경기에 출전하는 내가 훈련 중에 부상이라도 당할까 봐 컨디션을 확인하는 정도로 간단한 훈련만 시켰다. 훈련이 약해 좋기는 한데, 이따가 경주를 뛰어야 한다고 생각하니 가슴이 답답해 온다. 오늘은 정말 경주를 뛰고 싶지 않다. 걸을 때마다 발목이 욱신거리기 때문이다.

몇 달 전 경주 때 넘어지면서 삐끗했던 게 영 낫질 않고 있다. 치료받지 않았냐고? 물론 치료도 받고 쉬기도 했다. 하지만 완전히 회복되지 않은 상태에서 다시 경주를 뛰었더니 통증이 재발했다. 치료를 받았어도 경주를 뛰면서 또다시 통증이 도져 버리는 같은 상황이 도돌이표처럼 되풀이되고 있다. 뭐 이제는 발목의 통증 정도는 경주마가 짊어지고 살아야 할 직업병인가 보다 생각하고 있다. 그런데 어제 오후 훈련 때 실전 경주처럼 무리해서 뛰었더니 증상이 많이 심해졌다. 쩔뚝거리는 걸음걸이를 기수 형이 봐 줬으면 좋겠는데 아직 눈치채지 못한 것 같다.

새벽 훈련이 끝나면 우리는 각각 수영장으로 가거나 마사지를 받으러 간다. 놀러 가니 좋겠다고? 에이, 그럴 리가 있나. 이것도 훈련의 연장선이다. 훈련으로 뭉친 근육을 풀고 스트레스를 해소하는 작업이니까. 마사지를 받으니 통증이 좀 덜해지는 것 같다. 그래도 기수 형이 빨리 내 다리가 아프다는 걸 알아봐 주면 좋겠는데…….

마사지를 받고 마방으로 돌아오니 어느새 9시가 훌쩍 넘었다. 마방에 조교사(경주마를 훈련시키는 일을 하는 사람) 아저씨가 준비한 아침 식사가 놓여 있다. 오늘 메뉴는 홍삼 엑기스를 섞어 넣은 사료와 건초다. 와, 며칠 만에 먹는 푸짐한 아침인지. 게다가 영양 가득한 특별식이라 입안에 군침이 가득 돈다. 사실 어제까지만 해도 불어난 체중 때문에 식사 대신 워킹머신에 들어가 다이어트를 위한 운동을 해야 했었다. 허겁지겁 먹어도 너무 놀라지 마시길.

"허허, 마사지에 홍삼에 말 팔자가 사람보다 낫네."

아이고, 우리 조교사 아저씨 만날 하는 소리를 또 한다.

"때 되면 몸보신 되는 걸로 먹여 줘, 밤에는 간식 챙겨 줘, 아프면 병원 데려가 줘, 상팔자도 이런 상팔자가 없지."

오늘은 마필 관리사 아저씨까지 거들고 나선다.

이러면 우리 말들도 할 말이 정말 많다. 벌써 각 마방에서 빈정 상한 말들이 콧김을 푸르릉 푸르릉 뿜어 대며 너 나 할 것 없이 불만을 쏟아 내고 있다.

"쳇, 이게 뭐 우리 예뻐서 주는 건가?"

"누가 아니래. 경주에서 젖 먹던 힘까지 내라고 먹이는 거면서……."

"한마디로 이거 먹고 돈 벌어 오라는 거잖아."

"이렇게 관리해 주고 경주에서 지면 얼마나 잔소리를 해 댈까?"

만약 사람들이 지금 우리의 말을 알아듣는다면 뜨끔하지 않을까?

"어이쿠! 요놈이 은혜도 모르고 사람 치네!"

이건 또 무슨 소리지? 조교사 아저씨가 뒤로 발라당 넘어지면서 비명을 질렀다.

보나마나 칼칼이 짓이 뻔하다. 평소 성질머리가 뻣뻣하고 사람 말을 잘 듣지 않아서 '칼칼이'라는 별명으로 불리는 '만만세'가 기어이 뒷발 길질로 조교사 아저씨를 넘어뜨린 거다. 녀석은 억울한 건 절대 못 참는다. 덕분에 마방 친구들 모두 오랜만에 배꼽을 잡고 웃었다.

아침을 먹고 나니 몸이 노곤해지면서 눈꺼풀이 감길락 말락 한다. 다른 때 같으면 간단한 휴식을 끝내고 오후 훈련이 또 있겠지만 오늘은 경주를 앞두고 있기 때문에 마방에서 대기하고 있어야 한다. 나는 오늘 총 11경기 중 네 번째인 제 4경주에 출전할 예정이다.

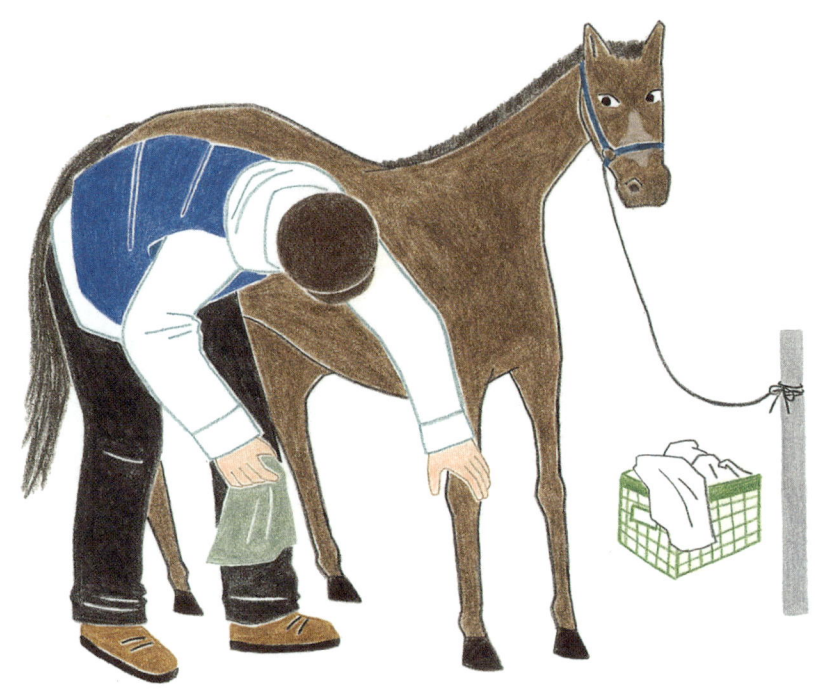

경기 시간 전까지 낮잠이라도 자 두려고 눈을 감았다. 하지만 잠이 올 리 없다. 경주를 나가는 날에는 나도 모르게 신경이 바싹 곤두서서 깊은 잠을 잘 수가 없다. 아주 작은 소리나 냄새에도 눈이 번쩍 떠지곤 한다. 경마장에 들어온 이후 한 달에 한 번씩 꼬박꼬박 겪는 일인데도 이 긴장감과 두려움하고는 영 친해지질 않는다. 다른 친구들도 마찬가지인 것 같다. 경주를 앞두고는 입에 테이프라도 붙인 것처럼 다들 조용해지기 마련이다. 수다스럽기로는 경마장의 1,500두 중에서 제일로 손꼽히는 칼칼이도 오늘만큼은 과묵하기 그지없다.

오후 한 시, 조교사와 마필 관리시가 와서 내 빌목 상태를 확인했다. 아마도 새벽 훈련 때 쩔뚝거리며 걷는 걸 본 기수 형이 얘기한 것 같다. 못 본 줄 알았더니 천만다행이다. 잘하면 경주에 출전하지 않을 수도 있을 것 같은데 어떨지.

두 사람은 한참 동안 내 발목을 이리 저리 만져 보고 걸어 보게 하더니 고개를 갸웃거렸다.

"이 정도면 달리는 데는 무리 없을 것 같기도 한데……, 어쩌지?"

"쉬게 하면 좋긴 하겠는데……."

조교사 아저씨는 말끝을 흐리더니 어딘가로 전화를 걸어 한참을 심각한 얼굴로 통화했다. 그런데 전화를 끊는 표정이 밝아 보이질 않는다.

"마주가 웬만하면 출전시키자고 하는군. 그동안 치료비가 꽤 많이 들어갔다고."

결국 나는 주인인 마주의 뜻에 따라 출전하기로 결정되었다. 서운하지만, 어쩔 수 없다. 아픈 몸으로 출전하는 게 어제오늘 일도 아니니까.

사실 우린 몸이 아파도 달릴 수 없을 정도의 부상이 아니면 경주에 출전해야만 한다. 각자 자기 밥값을 해야 하기 때문이다. 수많은 경마 팬들이 경주마들의 경주를 보며 즐거움을 얻는데 무슨 밥값이냐고?

마주가 한 필의 경주마를 소유하기 위해서는 꽤 많은 비용을 지불해야 한다고 한다. 말을 마방에 맡기고, 조교사나 마필 관리사가 관리해 주는 비용도 내야 하고, 사료나 간식

값도 내야 하고, 부상을 당하면 치료비도 대야 한다. 그래서 경주마들은 경주에서 좋은 성적을 내서 관리비보다 더 많은 상금을 벌어 마주에게 이득을 내 주어야 한다. 그게 바로 우리 경주마가 존재하는 이유다.

마필 관리사 아저씨를 따라 대기실로 가니 기수가 기다리고 있다. 오늘 나를 타고 달릴 기수는 승률이 매우 높은 최고현 기수다. 이 기수가 타면 꼴찌를 하던 말도 우승한다고 해서 경마 팬들 사이에서 인기가 매우 좋다. 하지만 우리 말들 사이에서는 평이 안 좋은 편이다. 경주 때 채찍을 많이 휘두르기 때문이다. 맞으면서 달리는 씁쓸한 기분이란…….

"제 4경기에 출전할 기수는 말과 함께 예시장으로 나오십시오."

일요일은 경마장에 가장 많은 사람들이 모여드는 날이다. 오늘도 관람석에 엄청나게 많은 경마 팬들이 몰려와 있다. 저 사람들은 경주를 앞두고 예시장(말들을 미리 선보이는 장소)에 나온 말들의 움직임을 보면서 누가 우승할지를 점친다. 지금 내가 기수를 태우고 예시장의 원형 무대를 천천히 돌고 있는 이유가 바로 그거다. 그러니까 쉽게 말해 '내가 잘 달릴 말입니다.' 하며 선보이는 거다. 기수가 워낙 유명해서 그런지 내 이름을 부르며 손을 흔들거나 응원을 보내 주는 사람들이 많다. 덕분에 오늘 경주는 잘 풀릴 것 같은 예감이 든다. 홍삼을 먹어서인지 컨디션도 꽤 좋은 편이다. 하지만…….

경주를 10분 남겨 놓은 지금, 갑자기 몸에 열이 오르고 땀이 나며 긴장이 시작된다. 경마장에 입사한 지 벌써 2년이 넘어가는데도 경주를 앞둔 이 시간에는 온몸이 빳빳하게 굳는 것 같고 심장이 쉴 새 없이 두근거린다. 잘 해낼 수 있을까 걱정도 되고, 혹시 경주 중에 다치면 어쩌나 하는 두려움도 든다.

경주 시간 3분 전! 경주를 치를 총 12두의 말이 출발선이라고 할 수 있는 발주대에 차례로 들어섰다. 엊그제 조교사가 번호를 잘 뽑은 덕에 내가 달릴 자리는 경주에 유리한 안쪽 코스다. 그런 만큼 우승에 대한 기대감도 크다.

슬쩍 곁눈질로 관중석을 보니 수많은 경마 팬들이 숨소리를 죽인 채 우리를 응시하며 출발 신호를 기다리고 있다. 경마 팬이나 기수나 말이나 모두 다 같이 한마음으로 가장 긴장되고 떨리는 순간이다. 출발 신호를 기다리는 이 시간이 왜 이렇게 길게 느껴지는지 네 다리가 후들거리고, 목과 엉덩이에 땀이 비 오듯 흐른다.

"어이구, 이 녀석 땀 흘리는 것 좀 보게. 어지간히 긴장되는 모양이군."

보다 못한 발주위원이 땀을 닦아 주었다. 그리고 깃발을 든 손을 높이 들어 올렸다. 이제부터 온몸의 신경을 하나로 모아야 한다.

휘익~.

발주위원의 깃발이 바람을 가르며 올라감과 동시에 발주기 문이 활짝 열렸다. 그와 함께 모든 말이 동시에 뛰어나갔다.

경주 중에 생각은 금물이다. 무조건 앞을 향해 달려야 한다. 뒤에 누가 따라오는지 옆에 누가 지나가는지 신경 쓰면 안 된다. 오직 앞을 향해, 그야말로 내 이름처럼 전력 질주해야 한다. 지난달 경주가 끝나고 한 달 동안 호된 훈련을 하며 비축해 온 모든 에너지를 아낌없이 쏟아붓는 거다.

　다행히 눈앞에 아무도 보이지 않는 걸 보니 출발선부터 1등으로 치고 나온 것 같다. 하지만 이제부터 펼쳐질 곡선 코스가 문제다. 곡선 코스는 순위가 뒤바뀌는 위험한 구간이다. 자칫 발걸음이 꼬이기라도 하면 낭패를 보기 쉽다.

　그런데 갑자기 왜 발목이 시큰하지? 새벽 훈련 때 통증이 느껴지던 다리가 욱신거리기 시작한다. 잠시 멈칫하는 찰나에 누가 내 앞으로 치고 나간다. 7번 절대강자 녀석이다. 간격이 벌어지기 전에 빨리 따라잡아야 하는데 녀석의 속도가 너무 빠르다. 이러다 까딱 머뭇거리면 뒤따라오는 녀석한테 추격당할 수 있겠다. 하지만 이 통증으로는 벌어진 간격을 따라잡기가 쉽지 않을 것 같다. 내가 가장 자신 있어 하는 직선 코스를 노려 봐야겠다.

 그래, 여기부터가 직선 코스다. 기수가 고삐를 단단히 쥐어 잡으며 채찍을 뽑아 휘두른다. 마지막으로 전속력을 내어 달리라는 뜻이다.
 '알겠어요, 나도 이 코스를 노리고 있다고요.'
 난 내가 가진 모든 힘을 쏟아 전속력으로 달렸다. 심장이 터져 버릴 것 같은 통증을 느끼면서, 발목이 부서질 것 같은 고통을 참으면서 미친 듯이 달렸다. 조금만 아주 조금만 더 참고 달리면 따라잡을 수 있을 것 같다. 나는 7번 절대강자의 바로 옆으로 따라붙었다. 이제 마지막 딱 한 발이 남았다. 결승선에 도달하는 마지막 순간, 나는 코끝을 있는 힘껏 내밀며 우승을 확신했다.
 "우승일 거야! 그럴 거야!"

그러나 예상과 달리 나는 간발의 차이로 2등을 하고 말았다. 이렇게 해서 내가 달린 1,400미터 경주는 겨우 1분 30초 만에 끝났다. 안장에서 내리는 최고현 기수의 입에서 아쉬운 한숨이 흘러나왔다.

나는 기수의 안색을 살필 기운도 없이 가쁜 숨을 몰아쉬었다.

푸우- 헉, 푸우- 헉, 푸우- 헉.

온몸에서 땀이 흥건하게 배어 나왔다. 끝났다는 안도감과 함께 터질 것 같은 심장의 통증이 조금씩 잦아들었다. 부서질 것 같던 발목의 통증도 서서히 수그러들고 있다.

그제야 주변 상황이 눈에 들어왔다. 1등으로 골인한 절대강자는 꽃다발을 목에 걸고 기수를 등에 태운 채 사진 촬영을 하고 있다. 오랜만에 우승한 절대강자는 한동안 자랑이 늘어질 것이다. 하지만 그렇다고 무슨 소용이 있을까? 녀석에게 돌아오는 건 당근 한 양동이가 고작일 텐데 말이다. 하긴 2등으로 들어온 나에게는 누구 한 사람 관심을 가져 주지 않는다. 치열한 승부의 세계에서 기억되는 건 오직 승자뿐이니까.

그런데 결승점에 들어온 말이 12두 중 9두뿐이었다. 우리가 전력 질주해서 뛴 1분 30초 동안 경주로에는 많은 일들이 벌어졌었다. 칼칼이는 발주대를 통과할 때 스텝(발의 움직임)이 엉키면서 기수를 떨어뜨린 채 혼자 뛰다가 펜스를 넘어가 버렸고, 백전백승은 경주로에서 전속력으로 달리다가 당당이와 부딪혀 넘어지면서 다리에 심한 부상을 당했다. 녀석은 크게 다치고도 속력을 못 줄이고 앞으로 달리다가 더 큰 부상을 입은 모양이다. 나는 백전백승이 병원으로 실려 가는 모습을 보며 마방으로 돌아왔다.

지친 몸을 누이고 쉬려는데 아까 부상당한 당당이가 들어왔다. 당당이는 붕대를 칭칭 감은 다리를 절뚝였다.

"백전백승은 어떻게 됐어?"

"심각한가 봐. 수의사가 인대가 파열되면 재기가 어렵다며 한숨을 쉬더라고."

이번 주에는 출전을 하지 않은 태극전사가 우리 모두 입 밖으로 꺼내길 꺼려하는 말을 했다.

"설마 안락사시키는 건 아니겠지?"

당당이는 대답 없이 자기 마방으로 들어가 누웠다.

문득 이런 의문이 들었다.

우린 과연 무엇 때문에 이토록 죽음까지 각오해야 하는 위험한 경주를 하는 것일까? 우승의 짜릿한 순간 때문에? 아니면 거액의 상금을 받으려고? 아니면 우리를 보며 환호하는 경마 팬들을 위한 서비스로?

아니, 그건 모두 사람들의 몫이다. 우리가 얻는 건 아무것도 없다. 우리를 위해 관계자들이 해 주는 모든 서비스 역시 그들의 이익과 만족을 위한 것이다. 그럼 우리는 왜 달리고 또 달리는 것일까?

언젠가 백전백승은 우리가 달리는 이유를 이렇게 말했었다.

"상대를 제치고 쭉쭉 앞으로 치고 나가 결승선을 가장 먼저 통과하고 우승을 차지할 때 말이야. 난 그때 느껴지는 짜릿함 때문에 달려."

물론 그 순간의 짜릿한 기쁨을 모르는 건 아니다. 그러나 그것 때문에 고된 훈련을 반복하며 심장이 터질 듯한 통증을 참고 달리는 건 분명 아니다. 굳이 그 해답을 찾자면 경마를 위해 인간들이 개량해 낸 품종인

서러브레드 종으로 태어났기 때문이라고 해야 할 것이다. 서러브레드 종으로 태어난 이상 경주를 할 수밖에 없는 운명인 것이다. 그러므로 왜 달리는 것인가에 대한 의문은 어리석을 수밖에 없다.

이런 생각을 하다 보니 온몸의 기운이 밖으로 빠져나가는 것 같다. 나는 나도 모르게 끙끙 소리를 내며 앓기 시작했다. 한 번 경주를 뛰고 나면 몸무게가 10kg 이상 빠질 정도로 체력 소모가 크다. 한 번의 질주에 모든 힘을 쏟아붓기 때문이다. 아마 앞으로 한 3~4일은 기진맥진한 상태로 지내게 될 거다. 그리고 체력을 회복하기까지 보름이나 되는 시간이 걸릴 거다.

그렇게 몸이 어느 정도 회복되고 나면 다시 또 경주에 나가기 위한 훈련을 시작할 거다. 훈련과 경주의 끊임없는 반복, 그게 경주마의 일상이다. 아무리 몸이 아파도, 아무리 경주가 하기 싫어도 짜인 스케줄에 맞춰 살아야 하는 게 우리 경주마의 삶이다.

소란스런 소리에 눈을 떴다. 깜빡 잠이 든 사이에 오늘 예정되었던 11개의 경주가 모두 끝나고, 말들이 마방으로 돌아오고 있다. 바닥이 꺼질 듯 무거운 발걸음 소리들. 그러나 아직까지도 백전백승의 마방은 비어 있다.

나는 내일 경주마 휴양 전문 목장으로 보내질 예정이다. 거기서 몸을 추스르고 나면 다시 경마공원으로 돌아와 겨우 세 평 남짓한 좁디좁고 어두컴컴한 마방 안에 갇혀 지내며, 거의 매일 똑같은 사료를 먹고, 아무리 몸이 피곤하고 아파도 정해진 경주 출전에 맞춰 매일같이 시키는 훈련을 할 것이다. 그리고 죽음을 각오하고 달려야 하는 스트레스와 끊임없이 달고 살아야 하는 부상의 고통에 시달릴 것이다.

  훈련, 경주, 회복, 다시 훈련, 경주, 회복, 또다시 훈련, 경주, 회복…….

  이렇게 쳇바퀴 돌듯 반복되는 경주마 생활은 언제쯤 끝나게 될까? 아니 언제까지 해낼 수 있을까? 무사히 큰 부상 없이 은퇴해서 승용마나 마차 끄는 말로 전환되어 제 2의 마생을 살 수 있을까? 아니면 경주 도중 치명적인 사고를 입고 안락사당하거나, 도축업자에게 말고기로 팔려 가게 되는 것은 아닐까? 그 어느 것 하나 내가 선택할 수 있는 건 없다. 경주마가 된 것이 내 선택이 아니었듯이 나의 미래 역시 내가 선택할 수 있는 부분이 없다. 의무만 가득하고 권리는 주어지지 않는 경주마의 삶을 나는 내일도 계속 살아 나갈 것이다.

  오늘 경기가 너무 힘들었나 보다. 발목의 시큰한 통증이 좀처럼 가라앉질 않는다. 그래도 다행인 건 잠이 쏟아진다는 거다. 꿈속에서는 내가 경주마가 아니라 어느 한적한 시골의 마구간에 살며 가끔은 주인을 태우거나 짐을 나르고, 또 가끔은 한가로이 풀을 뜯으며 햇볕을 쬐고 있는 모습이면 좋겠다. 아니면 등에 아무도 태우지 않은 채 푸른 초원을 마음껏 질주하는 것도 좋지 않을까?

누구를 위해 달리나 '경주마'

*** 경주마들도 경주가 즐거울까?**

경마를 보면서 이런 생각을 해 본 적 없나요?

'경주마들도 사람들처럼 경주가 신 나고 즐거울까?'

경주를 앞두고 대기하는 경주마들을 보면 간혹 땀을 너무 흘려서 그 소금기로 몸이 하얗게 뒤덮인 걸 볼 수 있어요. 이건 말이 경주에 대한 부담을 느끼고 긴장해서라고 해요.

경주마들은 한 번 시합을 뛰고 나면 체중이 10kg 이상 빠지고, 다음 시합 때까지 몸을 회복하려면 최소 보름 정도의 시간이 걸릴 만큼 체력 소모가 크답니다. 자연에서 원하는 때에 원하는 속도로 달리는 것과 달리 아주 짧은 시간 동안 온 힘을 다해 최대의 속도로 달리기 때문이에요. 우리에겐 짜릿한 짧은 승부의 시간이 경주마들에겐 목숨을 건 위험한 경주인 거죠.

*** '훈련 - 경주 - 회복' 만이 반복되는 경주마의 생활**

경주마는 경마장에 입사해서부터 은퇴할 때까지 거의 한 달에 한두 번씩 경주에 출전해야 해요. 경주에서 순위권에 들어 상금을 벌어야 하는 의무가 있기 때문이에요.

훈련-경주-회복, 이 세 가지를 2~3년간 반복하면서 말들은 각종 직업병과 경주 스트레스에 시달리다가 은퇴하게 돼요. 이 중 좋은 성적을 낸 뛰어난 말은 씨수말이나 씨암말이 되어 또 다른 경주마를 생산하게 되고, 부상 없이 은퇴하는 말들은 마차 끄는 말, 장애물 비월마(장애물을 뛰어넘는 묘기를 선보이는 말) 등으로 제 2의 마생을 살게 되지요. 한데 이건 행복한 경우예요. 적지 않은 수의 경주마들이 부상이나 병으로 안락사당하거나 도축장으로 보내져 말고기로 판매되거든요.

* 말들에게도 행복할 권리가 필요해

영국은 퇴역한 경주마들이 승용마나 장애물 비월마 등 다른 분야에 적응할 수 있게 재교육시키고, 새로운 주거지를 찾아 주는 자선모금단체가 운영되고 있어요. 일본의 말 복지단체에서는 기부를 통해 은퇴 경주마의 노후를 보장해 주고 있지요. 또 호주에서는 도축되는 경주마들의 문제점을 널리 알려 말의 복지에 관심을 기울이도록 여러 단체들이 활동하고 있답니다.

우리나라는 마사회에서 경주마의 복지를 위해 힘쓰고 있어요. 경주마들이 훈련과 경주에서 받는 스트레스를 풀어 주기 위해 수영장, 마사지실 같은 각종 시설을 운영하고 있고, 경주를 마친 말들을 전문 휴양 목장에 보내 회복을 돕고 있어요. 또 경주에서 좋은 성적을 내기 위해 말에게 채찍질을 심하게 하거나 다리에 뾰족한 물체를 부착시키는 등 학대 행위를 하는 기수에게 선수 자격을 박탈하고 벌금을 물게 하고 있습니다.

밍크 농장에서 보내온 편지

엄마, 저 까망이에요.

갑자기 사라져서 걱정이 많으시죠? 제가 어떻게 됐는지는 친구들한테 들어서 이미 알고 계실 거예요.

네, 저는 엄마가 위험하다고 절대 가지 말라고 했던 산딸기나무 계곡에 놀러 갔다가 그만 밀렵꾼이 숨겨 놓은 올가미에 걸리고 말았어요. 올가미에서 빠져나오려고 다리를 잡아당겼는데 그럴수록 몸이 점점 더 조여들어 가지 뭐예요. 제 고통스런 비명에 친구들이 도와주려고 했지만 소용없더라고요. 까딱 잘못 건드렸다가는 친구들마저 올가미에 걸려들 수 있으니까요. 그래서 모두들 안절부절하고 있는데 한 남자가 나타났어요. 올가미를 쳐 놓은 밀렵꾼이었지요. 밀렵꾼은 올가미에 걸려 있는 저를 보더니 씨익 웃었어요. 그러고는 아주 능숙한 솜씨로 올가미에서 제 다리를 빼어 커다란 차로 데리고 갔어요.

차에는 저 말고도 밍크가 다섯 마리나 있었어요. 다들 올가미에 걸려 잡혀 왔다고 하더라고요. 그중에는 다리가 부러진 꼬맹이도 있고, 올가미 안에서 몸부림치다 다리가 잘려 피를 너무 많이 흘리는 바람에 숨이 끊어진 아줌마도 있어요.

우리는 죽을지도 모른다는 공포 속에서 차에 실린 채 지금도 어딘가로 하염없이 가고 있어요. 혼자가 아니라서 무서운 건 덜하지만 이 차가 어디로 갈지 겁이 나요.

참, 우리가 살던 계곡 근처에서 올가미에 걸려 밀렵꾼에게 잡혀간 밍크들이 단 한 마리도 살아 돌아오지 못했죠? 아빠도, 큰오빠도, 작은언니도, 내 둘도 없는 친구 보들이도…….

엄마, 전 살아서 엄마 곁으로 돌아갈 수 있을까요?

10월 27일

트럭에서 두려움에 떨고 있는 까망이 올림

지난밤에 한 농장에 도착했어요.

들어서는 문부터 썩은 비린내가 훅 끼쳐 오는 곳이에요. 이곳에는 셀 수도 없을 정도로 많은 밍크들이 크기와 모양이 똑같은 철제 우리 안에 한 마리씩 갇혀 있어요. 저처럼 산에서 붙잡혀 온 밍크도 있지만 거의 대부분이 이곳에서 태어나고 자란 밍크들이에요.

저는 사육장이라 불리는 좁디좁은 철창에 갇혀 있어요. 몸을 한 바퀴 간신히 돌려 앉을 정도로 좁아서 앉아 있는 것만으로도 답답하고 숨이 막혀 오는 것 같아요. 산이며 계곡이며 굴이며 어디든 가리지 않고 돌아다니던 제가 이런 좁은 곳에 갇혀 있다는 게 상상도 안 되실 거예요.

게다가 얼마나 더러운지 말로 표현할 수조차 없을 정도예요. 한 번도 안 치웠는지 고약한 냄새가 코를 찌르고, 배설물도 한가득 쌓여 있어서 눈살이 절로 찌푸려져요. 차를 타고 오랜 시간을 달려와 가뜩이나 부대끼던 속이 더 울렁거려요.

하지만 별 수 없어요. 발로 철창을 열려고도 해 보고, 이빨로 뜯어 보려고 해도 너무 단단해서 밖으로 나갈 수가 없어요. 같이 잡혀 온 밍크들은 철창 문을 뜯으려고 몸부림치다가 이빨이 몽땅 부러지거나 발톱이 빠져 버리기도 했어요. 이런 우리를 보고 누군가 시큰둥한 목소리로 말하더군요.

"그래 봐야 소용없어. 여기선 가만히 있는 게 최고야."

그 말을 듣고 제가 발끈했죠.

"이렇게 좁은 곳에 가둬 놨는데 어떻게 가만히 있어?"

"나갈 수 없으니까 가만히 있을 수밖에. 우리는 이 철창에서 태어나서 1년 가까이 살고 있다고!"

맙소사! 어떻게 이 비좁은 공간에서 평생을 살아갈 수 있는 거죠? 저는 믿을 수가 없어요. 하지만 그건 분명한 현실이에요.

잠깐만요, 지금 누가 사육장으로 들어오고 있어요. 어제 우리를 데려온 사람인데 이곳 농장 주인인가 봐요. 철창 안으로 물과 먹이가 든 그릇을 넣어 주네요. 고기와 내장이 잔뜩 들어 있는 먹이예요. 입에 군침이 돌아요. 올가미에 걸린 이후 처음 먹는 먹이거든요.

10월 29일

게 눈 감추듯 먹이통을 비우고 있는 까망이 올림

농장에 온 지 닷새째, 저는 아직 무사하답니다. 밀렵꾼에게 잡혀가면 모두 죽는다던데 꼭 그런 건 아닌가 봐요. 많은 양은 아니지만 하루 한 번 먹이도 주고, 아까는 비가 오니까 철창 위에 비닐을 쳐 주더라고요. 이런 걸 보면 죽일 생각은 아닌 것 같지요?

참, 이곳에서 한 가지 이상한 점을 발견했어요. 농장에 있는 동물들이 하나같이 이상한 행동을 하고 있다는 거예요. 어떤 녀석은 쉴 새 없이 우리 안을 불안하게 왔다 갔다 하고, 어떤 녀석은 빙글빙글 제자리를 맴돌고, 어떤 녀석은 자기 털을 물어뜯어 피가 나기도 하고, 어떤 녀석은 굴을 파는 시늉을 하느라 발톱이 몽땅 빠졌어요. 또 몇몇 녀석들은 꼼짝하지 않고 우리 안에 축 늘어져 있는 게 병에 걸린 것 같아요.

그런데요, 이곳에서 지낸 지 며칠 지나지 않았지만 밍크들이 왜 저런 이상한 행동을 하는지 알 것 같아요. 이렇게 좁은 곳에 갇혀 꼼짝도 할 수가 없으니까요. 멀쩡하게 버티는 게 더 이상한 일이지요.

이런 생각을 할수록 계곡에서 살 때가 그리워져요. 친구들과 함께 넓디넓은 곳을 마음껏 뛰어다니고 물속에 풍덩 뛰어들어 헤엄치던 그때, 그때가 다시 올 수 있을까요?

※추신 : 저와 함께 올가미에 걸려 차에 실려 온 꼬맹이 밍크가 오늘 숨을 거두었어요. 다리를 많이 다쳤는데 치료 한번 못 받고 그만…….

11월 1일

그때를 간절히 그리워하고 있는 까망이 올림

밍크 농장은 매일매일 똑같은 하루가 반복되고 있어요. 밍크들은 철제 우리 안에서 계속 이상행동을 하고, 주인은 하루에 한 번씩 알 수 없는 먹이를 놓고 가요.

그런데 이상한 점이 있어요. 농장 주인이 하루에 한두 번씩 올가미 채를 가지고 와서 밍크를 우리에서 빼내 어디론가 데려간다는 거예요. 그럴 때마다 밍크들이 불안한 표정으로 덜덜 떨어요. 마치 적에게 들키지 않고 숨으려는 듯 몸을 움츠리고 구석으로 피하죠. 그리고 더 이상한 점은 주인이 사라진 뒤에 가느다란 신음 소리와 비린내가 풍겨 온다는 거예요. 그 비린내는 이 농장에 처음 들어왔을 때 훅 하고 콧속으로 들어

왔던 바로 그 비린내와도 같아요.

"지금 무슨 일이 일어나고 있는 거지?"

하지만 누구도 대답하지 않아요. 아니, 못 하는 것 같아요. 모두들 눈동자를 불안하게 굴리며 떨고만 있거든요.

"누가 말 좀 해 봐. 지금 무슨 일이 일어나고 있는 거냐고!"

저의 반복되는 질문이 듣기 귀찮았는지 한 녀석이 짜증 섞인 목소리로 대답했어요.

"궁금해하지 마. 알아서 좋을 게 없으니까."

제가 농장에 왔던 날 밤에 가만히 있는 게 최고라고 했던 녀석의 목소리예요. 우리 안을 하루 종일 뱅뱅 돌아 뱅글이라고 불리는 녀석이지요.

"알아서 나빠도 상관없으니까 말해 줘. 내가 왜 잡혀 왔는지 앞으로 어떻게 될 건지 알아야 대책을 세울 것 아냐?"

"뭐? 대책을 세운다고?"

순간, 여기저기서 웃음이 터져 나왔어요.

"푸하하, 대책이래. 대책을 세운대!"

"내가 태어나서 들어 본 말 중에 제일 어이없는 소리네."

"대책을 세울 수 있다면 우리가 이렇게 갇혀 있겠냐?"

어쩐지 그 웃음이 비웃음처럼 들렸어요.

살짝 기분이 상하려는데 뱅글이가 심각한 목소리로 말했어요.

"충고하는데 아무것도 알려고 하지 마. 이 농장에서는 철창 안에 갇혀 있는 지금 이 순간이 가장 행복한 거니까!"

뱅글이의 단호한 말에 더 이상 아무 말도 물어볼 수가 없었어요. 하지

만 철창 안에 갇혀 있는 게 가장 행복하다니 아무리 생각해도 이해할 수가 없었죠.

 어쨌든 저는 농장 주인이 올가미 채를 가지고 와서 꺼내 주기를 기다리고 있어요. 이 비좁고 더러운 철창을 나갈 유일한 기회니까요. 전 꼭 철창을 탈출해서 엄마한테 돌아갈 거예요. 그러니 걱정되더라도 조금만 더 기다려 주세요.

11월 3일

엄마에게 반드시 돌아갈 것을 다짐하는 까망이 올림

밍크 농장에 잡혀 온 지도 벌써 일주일이 지났네요.

어제 오후에는 농장 주인이 한 낯선 남자를 데리고 사육장으로 왔어요. 그러고는 저와 함께 잡혀 온 밍크 한 마리를 철창 밖으로 꺼내 손님에게 보여 주었어요. 또 농장에서 태어나 자라고 있는 밍크 한 마리도 꺼내 보여 주었어요. 아마 둘을 비교하는 것 같았어요. 낯선 남자는 밍크의 털을 번갈아 가며 만져 보더니 야생에서 잡혀 온 밍크를 가리키며 엄지손가락을 올렸어요.

저는 그제야 눈치챌 수 있었어요. 우리가 잡혀 온 이유를요. 그리고 이곳에서 사육되고 있는 이유를요. 저도 모르게 소리를 질렀어요.

"털! 털 때문이었어!"

그러자 건너편에 있는 시큰둥한 표정의 뱅글이가 입을 열었어요.

"흐흐, 이제야 눈치챘구나?"

저를 비롯해 올가미에 걸려 잡혀 온 밍크들 모두 뱅글이의 말에 귀를 기울였어요.

"사람들은 우리 털로 옷을 만들어 입어. 우리 털은 가볍고 따뜻하고 부드럽고 아름다우니까. 특히 10월 말부터 1월에 나는 털은 모질이 부드럽고 풍성

해서 사람들이 좋아한대."

그 말을 들으니 모든 게 이해되었어요. 늦가을만 되면 왜 그렇게 많은 밍크들이 잡혀가는지. 그러니까 이 농장은 사람의 옷에 쓰일 털을 위해 밍크를 키우거나 잡아 오는 농장이었던 거예요.

저는 뱅글이에게 다시 물었어요.

"그럼 우리 털은 어떻게 되는 거야? 털을 몽땅 밀어 버리는 거야? 아니면 뽑아 버리는 거야? 설마 그러진 않겠지?"

제가 고개를 갸웃거리자 뱅글이가 웃음을 간신히 참으며 말했어요.

"밀거나 뽑는 거면 얼마나 좋겠어."

"그게 무슨 말이야? 다른 방법을 쓴다는 거야?"

제가 도통 이해를 못 하자 뱅글이는 무섭고 날카로운 표정을 지으며 말했어요.

"내가 말했지? 알려고 하지 말라고. 아는 순간 지옥이 될 거야!"

"좀 자세히 말해 봐. 그렇게 뜬구름 잡는 이야기만 하지 말고."

하지만 뱅글이는 제 질문을 들은 척 만 척하고 입을 굳게 다문 채 철창 안을 다시 뱅뱅 돌기 시작했어요. 다른 밍크들도 제 질문에 고개를 돌려 버렸고요.

지옥이라니, 도대체 무슨 일이 생기려는 걸까요? 뭔가 알면서도 말하지 않는 밍크들의 침묵이 무서워요.

11월 4일

털을 빼앗길 위기에 처한 까망이 올림

한동안 연락이 뜸해서 걱정하셨죠? 저한테 무슨 일이 생긴 건 아닌가 하고요. 다행히도(이게 다행인지 어쩐지 모르겠지만) 저는 아직 살아 있어요. 철제 우리 안에 갇혀 움직이지도 못한 채, 매일 알 수 없는 고기와 내장이 든 먹이를 배불리 먹어서 살이 피둥피둥 쪘으니 누가 보면 팔자가 좋다고 할지도 모르겠네요. 하지만 저는 뱅글이가 말했던 지옥을 경험하고 있어요. 막연히 상상만 해 봤던 지옥의 모습을 바로 눈앞에서 생생히 보았거든요.

엊그제, 추적추적 비가 내리던 오후였어요. 농장 주인이 몇몇 남자들과 함께 사육장으로 오더니 언제나처럼 각자 한 마리씩 올가미 채로 우리 속의 밍크를 빼내었어요.

그런데 오늘은 평소와는 달랐어요. 밖으로 데려가는 게 아니라 옆구리에 끼고 있던 기다란 막대 같은 걸 눈과 항문에 갖다 대는 거예요. 그러자 불빛 같은 게 번쩍이더니 밍크들이 심한 경련을 일으켰어요. 그 순간, 밍크들이 끌려간 후 가늘게 들려오던 신음이 들리지 않겠어요?

끼잉— 끼잉—.

저는 그제야 모르는 게 약이라는 뱅글이의 말을 이해할 수 있었어요. 사람들이 들고 있는 막대는 감전시켜 숨을 끊는 전기 충격기였던 거예요. 그러나 밍크들의 숨이 쉽사리 끊어지질 않자 사람들은 몽둥이로 매질을 시작했어요.

"살려 주세요! 살려 주세요!"

밍크들이 고통으로 몸부림치며 비명을 질렀지만 사람들은 눈 하나 깜빡하지 않고 밍크의 몸 여기저기를 몽둥이로 마구 때렸어요.

좁고 답답한 철창 안에서 갇혀 살던 친구들을, 잘못한 것도 없는 친구들을 숨이 끊어질 정도로 때렸어요.

전 이러다 친구들이 죽겠다는 생각에 소리쳤어요.

"그만 때려요! 그러다 죽는다고요!"

그러자 뱅글이의 목소리가 들려왔어요.

"저들이 우릴 살려 주는 일은 하늘이 두 쪽 나도 생기지 않을 거야. 그걸 바라느니 차라리 빨리 죽는 편을 바라는 게 현명해. 어차피 죽을 거니까."

저는 다른 밍크 친구들을 바라보았어요. 누구 하나 이 끔찍한 일을 말리지 않았어요. 모두 이런 일이 익숙한 듯 멍한 눈길로 처참한 광경을 보고 있을 뿐이었지요.

어떻게, 어떻게 이런 일이 있을 수 있는 거죠? 사람들의 몽둥이질도, 그걸 무심히 보는 밍크들도 전 이해할 수가 없어요. 제가 보고 있는 이 끔찍한 광경이 진짜일까요? 혹시 꿈은 아닐까요?

"그래, 어차피 죽는다고 치자고. 그런데 꼭 저런 방법으로 죽여야 해?"

"그래야 털이 상하지 않거든."

그래요, 사람들은 오직 우리의 털만을 얻으려 하는 거였어요. 어떻게 죽든, 어떤 고통을 겪든 그런 건 중요치 않은 거예요.

그런데 믿을 수 없는 일은 계속되었어요. 심한 매질에도 밍크들이 죽지 않자 사람들이 발로 목덜미를 힘껏 누르는 거예요. 밍크들이 마지막 힘을 다해 다리를 버둥거리는 걸 두 눈으로 버젓이 보면서요. 결국 밍크들은 코피를 쏟고 혀가 반쯤 빠져나오고 나서야 버둥거림을 멈추었어요. 그리고 실오라기같이 가느다랗던 신음도 잦아들었지요. 그제야 사람들은 목에서 발을 떼었어요.

하지만 그게 끝이 아니었어요. 사람들은 밍크를 높은 곳에 거꾸로 매달아 놓고 털가죽을 벗기기 시작했어요. 죽으면 몸이 뻣뻣하게 굳어 가 털을 벗기기 어려우니까 숨이 끊어지자마자 벗겨 내는 거였죠.

그때 전 분명히 보았어요. 털가죽이 벗겨지는 순간, 꿈틀거리던 녀석들의 발가락을요. 그리고 살려 달라고 애원하는 눈물이 그렁그렁한 눈동자를요. 녀석들은 아직 숨통이 끊어지지 않아 산 채로 털가죽이 벗겨졌던 거예요. 농장에 있는 밍크들이 모두 이렇게 죽어 갔던 거예요. 그리고 우리는 친구들이 죽어 가는 광경을 고스란히 본 거고요.

어떻게 지구상에 있는 동물 중에서 가장 지능이 높다는 인간이 이럴수가 있죠? 어떻게 동물 중에서 가장 이성적이고 합리적인 생각과 행동을 할 수 있다는 인간이 이런 잔인무도한 짓을 할 수 있는 거죠? 어떻게 자기들이 하는 행동이 부끄러운 줄도 모르고 우리에게 그런 짓을 태연하게 보여 줄 수가 있는 거죠?

사람들은 털가죽과 털가죽이 벗겨진 시체들을 가지고 사육장 밖으로 사라졌어요. 사람들은 이제 털가죽을 깨끗하게 손질해서 옷으로 만들겠지요. 남겨진 사체는, 그건 어떻게 되는 걸까요?

저의 의문에 뱅글이가 눈을 마주치지 않고 담담한 목소리로 대답했어요.

"우리 먹이로 줄 거야."

저는 오늘 아침에 맛있다고 싹싹 비운 먹이 그릇을 보았어요. 그리고 먹은 걸 한참 동안 게워 냈어요. 더 이상 게워 낼 게 없을 정도로 게워 냈어요.

종족의 사체를 먹어서 그랬냐고요? 아니요, 우리에게 사체를 먹이로 준 인간들이 더럽고 끔찍해서요.

11월 8일
듣고 본 모든 것을 지우고 싶은 까망이 올림

저는 아직 살아 있어요. 농장 주인이 올가미 채를 들고 사육장으로 들어올 때마다 혹시 제게로 다가오지는 않을까 불안해하면서, 다행히 저를 지나쳐 다른 우리로 가면 안도의 한숨을 쉬면서요. 그러나 다른 밍크가 채에 걸려 버둥거리며 가는 모습을 볼 때면 안타까움의 눈물을 흘리면서 말이에요.

하지만 이렇게 불안하고 아슬아슬한 마음으로 버티는 하루하루도 이제 얼마 남지 않았을 거예요. 농장 주인은 밍크의 털 상태가 가장 좋은 계절을 맞이하여 몹시 바쁘거든요. 그나저나 제가 언제까지 엄마에게 편지를 띄울 수 있을지 모르겠네요.

11월 10일
엄마에게 계속해서 편지를 띄우고 싶은 까망이 올림

엄마, 살아 있다는 게 이렇게 고통스러울 수도 있나 봐요. 살아 있어서 안심이 되면서도 살아 있어서 두려워요. 털가죽이 벗겨지는 고통은 보는 것보다 훨씬 끔찍하겠죠?

11월 11일
살아 있는 이 순간이 지옥처럼 느껴지는 까망이 올림

까망이 어머님, 안녕하세요?

저는 뱅글이라고 합니다. 까망이가 잡혀 온 농장에서 함께 지냈던 밍크예요.

그런데 오늘 왜 제가 편지를 띄우냐고요? 아마 짐작하시리라 생각되는데요. 네, 오늘 까망이가 하늘나라로 떠났습니다. 야생 밍크 털옷을 만드는 사람이 까망이를 선택했거든요.

까망이가 어떻게 떠났는지는 적지 않을게요. 그게 까망이의 마지막 부탁이었거든요. 그래도 조금만 말씀드리자면 까망이는 마지막 순간까지 씩씩했답니다. 그리고 오히려 우리를 위로해 주었어요.

"나는 괜찮아. 나는 가족과 함께 자연에서 살던 아름답고 행복한 추억이 있으니까. 그런데 너희들은, 오직 털을 얻기 위해 사육되는 너희들은……. 그래, 내가 기도해 줄게. 부디 앞으로는 이런 끔찍한 일이 이 땅에서 일어나지 말라고."

녀석은 기어이 우리를 울리고 떠났어요. 윤기가 자르르 흐르던 그 까만 털가죽을 남기고서요. 이제 녀석의 털가죽은 누군가가 자랑스레 입는 코트 한 자락이나 목도리의 한 부분이 되겠지요.

아, 이제 제 차례인가 봅니다. 하늘나라에 가면 까망이 녀석과 꼭 다시 만나 둘도 없는 친구가 될 거예요. 그리고 녀석과 함께 기도할 거예요. 이런 죽음은 부디 우리가 마지막이게 해 달라고요.

11월 12일

이제 곧 하늘나라에서 까망이를 만나게 될 친구 뱅글이 올림

아름다운 패션 뒤에 감춰진 잔인한 죽음 '모피 동물'

✱ 많이 먹고 살만 찌면 되는 공장식 농장의 모피 동물

밍크 70마리, 여우 11마리, 토끼 30마리, 친칠라 100마리. 모피 코트 한 벌을 만드는 데 필요한 동물의 수예요.

오랫동안 사람들은 모피 동물들을 야생에서 잡았어요. 그래서 몇몇 종들은 멸종 위기에 놓일 정도로 많은 수가 희생되었지요. 그런데도 모피 옷 산업이 계속 커지자 사람들은 아예 모피 동물을 공장식 농장에서 대량으로 기르기 시작했답니다.

이런 목적이다 보니 사육 환경이 좋을 리 없어요. 동물들은 좁은 우리에 갇혀 있는 스트레스를 견디지 못해 각종 이상행동을 보이지요. 좁디좁은 우리 안에서 쉴 새 없이 뱅뱅 돌거나 좌우를 왔다 갔다 하기도 하고, 땅을 파려고 철제 우리를 긁어 발톱이 빠지기도 하고, 우리 안에 있는 다른 동물들을 공격하기도 하고요. 또 우리에 똥이 쌓이는 등 비위생적인 환경으로 세균에 감염되어 눈이 멀거나 팔다리가 뒤틀리기도 합니다.

✱ 끔찍한 고통에서 해방되는 날

흔히 사람들이 많이 하는 착각이 모피 옷은 동물의 털로만 만들어지는 줄 안다는 거예요. 그런데 모피 옷에 사용되는 건 털뿐이 아니라 모피, 즉 피부와 피부에 붙어 있는 털 모두를 말해요. 그러니까 모피 제품을 생산하려면 동물의 피부를 벗겨 내야 하는 거지요.

사람들은 털가죽을 벗겨 내기 위해 동물의 입과 항문에 전기 충격을 가해 심장마비를 일으키게 하거나, 몽둥이로 때리고, 바닥에 패대기쳐서 죽게 해요. 그리고 아직 체온이 남아 따뜻한 상태에서 동물의 털가죽을 벗겨 내지요. 죽은 지 오래되어 동물의 몸이 굳으면 털가죽이 뻣뻣해지기 때문이에요. 이 과정에서 동물들은 숨이 안 끊긴 채 자기 털가죽이 벗겨지는 고통을 고스란히 느끼며 죽어 갑니다.

* 동물보호운동에도 늘어나는 모피 산업

모피 동물들의 잔인한 희생에 대해 우려의 목소리가 나온 것은 1980년대예요. 동물보호운동가들에 의해 모피 생산의 끔찍한 실상이 알려지면서 미국, 유럽 등에서 모피 옷을 입지 말자는 운동이 일어났지요. 밍크 모피 수출국으로 유명하던 네덜란드가 1995년 모피 동물 사육을 금지시켰고, 영국, 오스트리아, 이탈리아, 스위스도 그 뒤를 이었어요.

하지만 이런 노력에도 불구하고 모피 옷의 생산은 줄어들기는커녕 더 늘어나는 추세랍니다. 그러다 보니 최근에는 모피 동물 관련법이 없는 중국에서 모피 동물의 대규모 사육과 도살이 이뤄지고 있어요.

사람들은 모피 옷을 입는 이유로 뛰어난 보온성과 아름다움을 꼽습니다. 하지만 요새는 보온성이 뛰어난 섬유가 많아서 굳이 모피 옷을 입을 필요가 없어요. 모피 동물 산업을 강력한 법으로 규제하는 것만큼 중요한 것은 소비자의 현명한 선택이랍니다. 여러분은 어떤 선택을 하시겠어요?